Thomas Rösslein / Der Folgenbeseitigungsanspruch

Schriften zum Öffentlichen Recht

Band 71

Der Folgenbeseitigungsanspruch

Von

Dr. Thomas Rösslein

DUNCKER & HUMBLOT / BERLIN

Alle Rechte vorbehalten
© 1968 Duncker & Humblot, Berlin 41
Gedruckt 1968 bei Alb. Sayffaerth, Berlin 61
Printed in Germany
D 21

Vorwort

Sechzehn Jahre nach dem Erscheinen von *Bachofs* Schrift „Die verwaltungsgerichtliche Klage auf Vornahme einer Amtshandlung" erschien es nützlich, aber auch reizvoll, den Weg zu verfolgen, den das in ihrem zweiten Teil entwickelte Institut des Folgenbeseitigungsanspruchs genommen hat, und dieses Institut neu zu durchdenken, nachdem in diesem Zeitraum das verwaltungsrechtliche Denken, insbesondere bei der Heranziehung verfassungsrechtlicher Normen, in mancher Hinsicht freier geworden ist. Gleichzeitig wurde zwischen den Zeilen an diesem Beispiel die Entwicklung eines Instituts des ungeschriebenen allgemeinen Verwaltungsrechts überhaupt deutlich. Die Arbeit erhält ihren aktuellen Bezug durch den 47. Deutschen Juristentag 1968, dessen öffentlichrechtliche Abteilung zum Thema hat: „Empfiehlt es sich, die Folgen als rechtswidrig festgestellten hoheitlichen Handelns gesetzlich zu regeln (Folgenbeseitigung, Folgenentschädigung)?"

Die Arbeit lag zu Beginn dieses Jahres der Rechts- und Wirtschaftswissenschaftlichen Fakultät der Universität Tübingen als Dissertation vor. Rechtsprechung und Literatur sind bis Ende 1966 berücksichtigt.

Meinem hochverehrten Lehrer, Herrn Professor Dr. *Otto Bachof*, dem diese Arbeit in zweifacher Weise ihre Entstehung verdankt, bin ich für die mir zuteil gewordene Führung und Förderung tief verpflichtet.

Herrn Ministerialrat a. D. Dr. *Johannes Broermann* danke ich für die Aufnahme der Arbeit in die Reihe „Schriften zum Öffentlichen Recht".

Stuttgart, den 14. November 1967

Thomas Rösslein

Inhaltsverzeichnis

Teil A

Der Folgenbeseitigungsanspruch in Literatur und Rechtsprechung

I. Einleitung 13
   1. Die Fragestellung 15
   2. Der Gang der Darstellung 16

II. Die Entwicklung des Folgenbeseitigungsanspruchs 18
   1. Die positiven Normen 18
   2. Der Folgenbeseitigungsanspruch nach Bachof 20
   3. Die weitere Entwicklung 23
      a) Die Voraussetzungen des Folgenbeseitigungsanspruchs 24
      b) Die Begründung des Folgenbeseitigungsanspruchs 30
      c) Die Rechtsfolgen des Folgenbeseitigungsanspruchs 33
      d) Vorgehen gegen Dritte 38
   4. Der Erstattungsanspruch 39

III. Fortsetzung: Der Folgenbeseitigungsanspruch im Rahmen weitergehender Ansprüche 40
   1. Der quasinegatorische Wiederherstellungsanspruch Bettermanns 40
   2. Der allgemeine Wiedergutmachungsanspruch 43
   3. Der doppelte Folgenbeseitigungsanspruch nach Schleeh 46

VI. Prozessuale Fragen 49
   1. Der Rechtsweg 49
   2. Die Klageart 49
      a) Unter der MRVO 165 50
      b) Unter den süddeutschen Verwaltungsgerichtsgesetzen 51
      c) Unter der Verwaltungsgerichtsordnung 52
   3. Das Rechtsschutzinteresse 54
   4. Die Revisibilität des Folgenbeseitigungsanspruchs 56

Teil B

Der Folgenbeseitigungsanspruch als Reaktionsanspruch auf eine Statusverletzung

I. Einleitung 57

II. Das Wesen des Folgenbeseitigungsanspruchs 58

III. Rechtliche Einordnung des Folgenbeseitigungsanspruchs 59

IV. Der Aufhebungsanspruch 61

V. Ansatz einer Begründung des Aufhebungs- und Folgenbeseitigungsanspruchs aus dem Grundgesetz 65

VI. Ableitung eines Aufhebungs- und Folgenbeseitigungsanspruchs aus dem verfassungsrechtlichen Unterlassungs- und Beseitigungsgrundsatz 75

VII. Zusammenfassung und Einzelfragen zum Folgenbeseitigungsanspruch 83

    1. Die Voraussetzungen des Folgenbeseitigungsanspruchs 83

    2. Der Inhalt des Folgenbeseitigungsanspruchs 87

    3. Folgenbeseitigungsanspruch und Erstattungsanspruch 88

    4. Die Rückenteignung 89

    5. Die prozessuale Geltendmachung des Folgenbeseitigungsanspruchs 92

VIII. Ergebnisse 97

Literaturverzeichnis 99

Abkürzungsverzeichnis

a. A.	=	anderer Ansicht
Anm.	=	Anmerkung
AöR	=	Archiv des öffentlichen Rechts (Band, Seite)
AS	=	Amtliche Sammlung von Entscheidungen der Oberverwaltungsgerichte Rheinland-Pfalz und Saarland (Band, Seite)
Ausf.VO	=	Ausführungsverordnung
Bad.AgrarRefG	=	Badisches Agrarreformgesetz
Bad.EnteigG	=	Badisches Enteignungsgesetz
Bad.-Württ.	=	Baden-Württemberg
Bad.-Württ.VBl.	=	Baden-Württembergisches Verwaltungsblatt (Jahrgang, Seite)
BaulandBG	=	Baulandbeschaffungsgesetz
BayVBl.	=	Bayerisches Verwaltungsblatt (Jahrgang, Seite)
BayVGH	=	Bayerischer Verwaltungsgerichtshof in München
BayVwZVG	=	Bayerisches Verwaltungszustellungs- und Vollstreckungsgesetz
BB	=	Der Betriebsberater (Jahrgang, Seite)
BBauG	=	Bundesbaugesetz
Bd.	=	Band
Betrieb	=	Der Betrieb (Jahrgang, Seite)
BGB	=	Bürgerliches Gesetzbuch
BGH	=	Bundesgerichtshof
BGHZ	=	Entscheidungen des Bundesgerichtshofs in Zivilsachen (Band, Seite)
BLG	=	Bundesleistungsgesetz
BRRG	=	Beamtenrechtsrahmengesetz
BSG	=	Bundessozialgericht
BSGE	=	Entscheidungen des Bundessozialgerichts (Band, Seite)
BVerfGE	=	Entscheidungen des Bundesverfassungsgerichts (Band, Seite)
BVerwG	=	Bundesverwaltungsgericht
BVerwGE	=	Entscheidungen des Bundesverwaltungsgerichts (Band, Seite)
BVFG	=	Bundesvertriebenen- und Flüchtlingsgesetz
DÖV	=	Die öffentliche Verwaltung (Jahrgang, Seite)
DRZ	=	Deutsche Rechtszeitschrift (Jahrgang, Seite)

DVBl.	=	Deutsches Verwaltungsblatt (Jahrgang, Seite)
DWW	=	Deutsche Wohnungswirtschaft (Jahrgang, Seite)
EBayVGHnF	=	Entscheidungen des Bayerischen Verwaltungsgerichtshofs, neue Folge (Band, Seite)
EGGVG	=	Einführungsgesetz zum Gerichtsverfassungsgesetz
ESVGH	=	Entscheidungssammlung des Hessischen und des Baden-Württembergischen Verwaltungsgerichtshofs (Band, Seite)
EVwGO	=	Entwurf einer Verwaltungsgerichtsordnung
EVwVerfG	=	Musterentwurf eines Verwaltungsverfahrensgesetzes
FGO	=	Finanzgerichtsordnung
FN	=	Fußnote
GG	=	Grundgesetz für die Bundesrepublik Deutschland
GVBl.	=	Gesetz- und Verordnungsblatt
Hbd.	=	Halbband
HDStR	=	Handbuch des Deutschen Staatsrechts
Hess.VGH	=	Hessischer Verwaltungsgerichtshof in Kassel
JR	=	Juristische Rundschau (Jahrgang, Seite)
JuS	=	Juristische Schulung (Jahrgang, Seite)
JZ	=	Juristenzeitung (Jahrgang, Seite)
KG	=	Kammergericht
LBG	=	Landbeschaffungsgesetz
LG	=	Landgericht
LM	=	Nachschlagwerk des Bundesgerichtshofs, herausgegeben von Lindenmaier und Möhring
LVG	=	Landesverwaltungsgericht
MDR	=	Monatsschrift für deutsches Recht (Jahrgang, Seite)
MRVO 165	=	Militärregierungsverordnung Nr. 165
Nieders.	=	Niedersachsen
Nordrh.-Westf.	=	Nordrhein-Westfalen
NJW	=	Neue Juristische Wochenschrift (Jahrgang, Seite)
OVG	=	Oberverwaltungsgericht
OVGE	=	Entscheidungen der Oberverwaltungsgerichte für das Land Nordrhein-Westfalen in Münster und für die Länder Niedersachsen und Schleswig-Holstein in Lüneburg (Band, Seite)
PrOVGE	=	Entscheidungen des preußischen Oberverwaltungsgerichts (Band, Seite)
PVG	=	(preußisches) Polizeiverwaltungsgesetz
Rdn.	=	Randnummer
RGBl.	=	Reichsgesetzblatt
Rh.-Pf.	=	Rheinland-Pfalz
RiA	=	Das Recht im Amt (Jahrgang, Seite)
RGZ	=	Entscheidungen des Reichsgerichts in Zivilsachen (Band, Seite)

RSiedlG	=	Reichssiedlungsgesetz
RsprGH	=	Sammlung der Rechtsprechung des Gerichtshofs der Europäischen Gemeinschaften
SGG	=	Sozialgerichtsgesetz
SKV	=	Staats- und Kommunalverwaltung (Jahrgang, Seite)
Verf.	=	Verfassung
VerwArch.	=	Verwaltungsarchiv (Band, Seite)
VG	=	Verwaltungsgericht
VGG (südd.VGGe)	=	Gesetz über die Verwaltungsgerichtsbarkeit (für Bayern, Bremen, Hessen und Württemberg-Baden)
VGH Bad.-Württ.	=	Verwaltungsgerichtshof Baden-Württemberg in Mannheim
VO	=	Verordnung
VRspr.	=	Verwaltungsrechtsprechung in Deutschland (Band, Seite)
VVDStRL	=	Veröffentlichungen des Vereins der Deutschen Staatsrechtslehrer (Band, Seite)
VwGO	=	Verwaltungsgerichtsordnung
WBewG	=	Wohnraumbewirtschaftungsgesetz
WM	=	Wohnungswirtschaft und Mietrecht (Jahrgang, Seite)
WRV	=	Weimarer Reichsverfassung
Württ.-Bad.	=	Württemberg-Baden
Württ.-Bad.VGH	=	Württemberg-Badischer Verwaltungsgerichtshof in Stuttgart
WüEVRO	=	Entwurf einer Verwaltungsrechtsordnung für Württemberg
Württ.-Ho.	=	Württemberg-Hohenzollern
Württ.-Ho.BodRefG	=	Württemberg-Hohenzollernsches Bodenreformgesetz
ZBR	=	Zeitschrift für Beamtenrecht (Jahrgang, Seite)
ZMR	=	Zeitschrift für Miet- und Raumrecht (Jahrgang, Seite)
ZPO	=	Zivilprozeßordnung
ZStW	=	Zeitschrift für die gesamte Strafrechtswissenschaft (Band, Seite)

Teil A

Der Folgenbeseitigungsanspruch in Literatur und Rechtsprechung

I. Einleitung

Verschafft man sich einen Überblick über die Stimmen zum Folgenbeseitigungsanspruch[1] in Rechtsprechung und Literatur, so stößt man zwar häufig auf die Feststellung, der Folgenbeseitigungsanspruch sei allgemein anerkannt[2], was aber unter einem Folgenbeseitigungsanspruch zu verstehen sei, bleibt durchweg streitig und ungeklärt. In allen entscheidenden Fragen gehen die Meinungen auseinander, sei es die Rechtsgrundlage oder die Voraussetzungen des Anspruchs, sein Umfang, sein Rechtscharakter oder die Art der Geltendmachung[3]. Das hat

---

[1] Die Arbeit handelt vom Folgenbeseitigungsanspruch als Institut des öffentlichen Rechts. Gelegentlich wird auch von einem Folgenbeseitigungsanspruch im bürgerlichen Recht gesprochen. So etwa BGHZ 40, 18 für den Anspruch aus § 1004 BGB.

[2] Zum Beispiel: LG Darmstadt, NJW 52, 389 („überwiegend anerkannt"); LVG Hamburg, ZMR 52, 267 („der in der Rechtsprechung anerkannte Folgenbeseitigungsanspruch"); OVG Lüneburg, NJW 53, 839 („der in Rechtslehre und Rechtsprechung entwickelte Folgenbeseitigungsanspruch"); LVG Schleswig, MDR 55, 569 („von Rechtsprechung und Schrifttum einhellig anerkannt"); Hess. VGH, DÖV 56, 185 („allgemein anerkannt"); OVG Hamburg, VRspr. 9, 635 („Der Folgenbeseitigungsanspruch ist als rechtliche Institution allgemein anerkannt"); LVG Hamburg, ZMR 57, 426 („Der Folgenbeseitigungsanspruch, der als Rechtsgrundsatz des allgemeinen Verwaltungsrechts in der Lehre und der Rechtsprechung anerkannt worden ist..."); VG Frankfurt, DVBl. 60, 653 („im öffentlichen Recht anerkannte Folgenbeseitigungs- oder Wiederherstellungsverpflichtung"); VG Hannover DVBl. 62, 454 („Lehre und Rechtsprechung haben schon bisher einen materiellen öffentlich-rechtlichen Folgenbeseitigungsanspruch anerkannt"); Hess. VGH, DÖV 63, 389 („allgemein anerkannt"); ähnlich BGH, DÖV 63, 584; *Krüger*, DVBl. 55, 208 („anerkannte Rechtsfigur"); *Collasius*, Die Ausfüllung von Lücken im Normensystem des Verwaltungsrechts, S. 222 („allgemein anerkannt"); *Götz*, ZBR 61, 135 (136) („der bisher schon anerkannte Folgenbeseitigungsanspruch"); *Hegel*, Unterbringung, S. 81 („anerkanntes Rechtsinstitut"). Die Feststellung, der Folgenbeseitigungsanspruch sei allgemein anerkannt, findet sich hauptsächlich in der Rechtsprechung. Dies hängt wohl damit zusammen, daß die Gerichte durch diese Formel die rechtliche Grundlage ihres Urteils zu untermauern suchen.

[3] So auch *Evers*, Privatsphäre und Ämter für Verfassungsschutz, S. 277; *Luhmann*, Öffentlich-rechtliche Entschädigung rechtspolitisch betrachtet, S. 98 ff.

unter anderem zur Folge, daß es fast unmöglich scheint, zu Beginn dieser Darstellung eine Art Arbeitsdefinition des Folgenbeseitigungsanspruchs zu geben. Da es jedoch auf keinen Fall anginge, hier mit dem Begriff Folgenbeseitigungsanspruch zu operieren, ohne seinen Inhalt wenigstens skizzenhaft zu umreißen, muß eine solche Arbeitsdefinition gegeben werden. Diese muß notwendigerweise allgemein gehalten bleiben, da einmal, wie angedeutet, sehr verschiedene Meinungen unter dieser Überschrift dargestellt werden sollen, und zum anderen für die Frage, was der Folgenbeseitigungsanspruch denn tatsächlich sei, ein gewisser Spielraum bleiben muß. Unter diesen Vorbehalten und auf die Gefahr hin, daß diese Arbeitsdefinition in ihrer Allgemeinheit nicht mehr sehr praktikabel ist oder gar zu Mißverständnissen führt, soll unter Folgenbeseitigungsanspruch verstanden werden

> ein unmittelbarer Anspruch des Bürgers gegen den Staat auf Beseitigung nachteiliger Folgen eines staatlichen Eingriffs in seine Rechtssphäre.

Die Gründe für die mangelnde Einigkeit über den Folgenbeseitigungsanspruch sind leicht zu finden. Wir haben es hier — wie überwiegend im allgemeinen Verwaltungsrecht — nicht mit positiven Normen zu tun[4], sondern mit einem Institut, das im Zusammenwirken von Rechtslehre und Rechtsprechung entwickelt wurde, um einem in der Praxis aufgetretenen Bedürfnis nach einer befriedigenden Lösung gewisser Fälle nachzukommen, für die das bisherige „System staatlicher Ersatzleistungen"[5] eine solche Lösung nicht bot[6, 7]. Diese Entwicklung, die *Bachof* mit seiner Monographie[8] entscheidend in Gang gebracht hat, ist heute noch keineswegs abgeschlossen. Der Gesetzgeber hat sich darauf beschränkt, prozessuale Möglichkeiten zur Verfügung zu stellen[9], und von wissenschaftlicher Seite fehlt es bisher insbesondere an einer exakten Begründung des Anspruchs, von der her sich die Probleme des Folgenbeseitigungsanspruchs stringent lösen ließen[10]. Von der

---

[4] Abgesehen von den Vorschriften in den neuen Verfahrensgesetzen, die jedoch für den materiellen Anspruch unmittelbar nichts hergeben.

[5] *Forsthoff*, Verwaltungsrecht, S. 290 f.

[6] Näher dazu unten in und bei Anm. 15 ff.

[7] Diese Anpassungsfähigkeit des allgemeinen Verwaltungsrechts ist ein großer Vorteil. Vgl. *Scheuner*, DÖV 55, 545: „Es ist der unschätzbare Vorzug des allgemeinen Teils des Verwaltungsrechts, daß die meisten seiner Begriffe und Einrichtungen auf Herkommen und Fortbildung durch Wissenschaft und Rechtsprechung beruhen, daher einer schöpferischen und anpassungsfähigen Entwicklung offenstehen."

[8] Die verwaltungsrechtliche Klage auf Vornahme einer Amtshandlung, Tübingen 1951 (künftig: Vornahmeklage).

[9] Vgl. die amtliche Begründung zu § 114 des Regierungsentwurfs, Verhandlungen des Deutschen Bundestages, 3. Wahlperiode, Drucksache 55, S. 43.

[10] Nach *Heidenhain*, Amtshaftung und Entschädigung aus enteignungs-

Rechtslehre muß aber der entscheidende Schritt getan werden, denn die Rechtsprechung ist dazu weder von ihrer Aufgabe noch von ihren Möglichkeiten her berufen. Die Rolle der Gerichtsbarkeit bei der Entwicklung des allgemeinen Verwaltungsrechts[11] soll nicht verkannt werden, aber solche Problemkomplexe müssen vom Grundsätzlichen, nicht vom Einzelfall aus gelöst werden. Der Folgenbeseitigungsanspruch hätte daher „bei seiner großen praktischen Bedeutung schon längst eine eingehendere Behandlung" verdient[12].

Es wäre zuviel verlangt, diese „eingehendere Behandlung" von der vorliegenden Arbeit zu erwarten. Zeigt sich doch bald, daß die Frage nach dem Folgenbeseitigungsanspruch eine Vielzahl verfassungsrechtlicher und verfahrensrechtlicher Probleme aufwirft und miteinander verquickt. Die Absicht des Verfassers konnte daher nur sein, Vorarbeit zu leisten. In diesem Sinne ist die umfassende Bestandsaufnahme der bisherigen Äußerungen zum Folgenbeseitigungsanspruch zu verstehen. Der anschließende Versuch einer eigenen Lösung ist nicht mehr als eine weitere Äußerung mit dem Ziel, Kritik oder Zustimmung hervorzurufen und so die Diskussion in Gang zu halten.

1. Die Fragestellung

Die Fragestellung, die zum Folgenbeseitigungsanspruch führt, ist bekannt. Dennoch soll sie — als notwendige Grundlage der folgenden Darstellung — in aller Kürze hier angedeutet werden. Ich kann mich dabei auf das Notwendigste beschränken. Auch genügt es, vom Grundfall des vor Rechtskraft vollzogenen Verwaltungsakts[13] auszugehen.

Eine Behörde kann einen Verwaltungsakt vollziehen, solange er noch durch Rechtsmittel angreifbar ist. Sie kann die aufschiebende Wirkung eines Rechtsmittels im „öffentlichen Interesse oder im überwiegenden Interesse eines Beteiligten" beseitigen und die sofortige Vollziehung anordnen (§ 80 II 4 VwGO, § 51 VGG, § 51 MRVO Nr. 165). Wird der

---

gleichem Eingriff, S. 177, ist eine Begründung aus dem geltenden Recht ausgeschlossen, soweit mit dem Folgenbeseitigungsanspruch eine Staatshaftung begründet wird.

[11] Vgl. dazu *Bachof*, Über einige Entwicklungstendenzen im gegenwärtigen deutschen Verwaltungsrecht, Staatsbürger u. Staatsgewalt, Bd. II, S. 3 ff.
[12] *Obermayer*, JuS 63, 110.
[13] Unter Vollzug ist jeweils die unmittelbare Umsetzung eines Verwaltungsakts in die Wirklichkeit zu verstehen. Müssen gegen den Adressaten des Verwaltungsakts zum Zwecke der Vollstreckung erst weitere Verwaltungsakte ergehen, so verlagert sich die Problematik auf diese. Dem Vollzug steht die Erfüllung gleich, da derjenige nicht schlechter gestellt werden darf, der angesichts des hoheitlichen Befehls und des drohenden Vollzugs dem Verwaltungsakt nachkommt.

Anfechtungsklage des Betreffenden schließlich stattgegeben und der Verwaltungsakt als rechtswidrig aufgehoben, so ist damit zwar der „Formalakt"[14] beseitigt, nicht aber seine Auswirkungen in der Tatsachenwelt, die seine Vollziehung, der „Realakt"[14], hervorgerufen hat. Durch sie ist der Betroffene gegebenenfalls nach wie vor belastet.

Will nun der Betroffene eine tatsächliche Beseitigung dieser Auswirkungen, also nicht nur einen Ausgleich seines Schadens in Geld, so führen die üblichen Formen staatlicher Ersatzleistungen nicht weiter. Aufopferung, Enteignung und die darauf aufbauende Figur des enteignungsgleichen Eingriffs gewähren nur eine „angemessene Entschädigung"[15], d. h. die eigentliche Beeinträchtigung bleibt unberührt, es erfolgt nur ein Ausgleich in der Vermögenssphäre[16]. Auch die sog. Amtshaftung nach Art. 34 GG, § 839 BGB hilft dem Betroffenen in der Regel nicht weiter. Da es sich hierbei nicht um eine primäre Staatshaftung handelt, sondern nur um die Übernahme der Schadensersatzverpflichtung eines einzelnen Amtsträgers durch den Staat, kann der Staat immer nur insoweit verpflichtet werden, als auch der einzelne Amtsträger — als Privatperson — verpflichtet werden könnte[17]. Dadurch wird nun gerade die Verpflichtung zu einer Amtshandlung ausgeschlossen. Eine solche ist aber in der überwiegenden Zahl aller Fälle erforderlich, um die tatsächlichen Auswirkungen eines vollzogenen rechtswidrigen Verwaltungsakts wieder aus der Welt zu schaffen.

Die Frage war und ist damit die, einen Anspruch des Betroffenen zu finden, der sich unmittelbar gegen den Staat richtet und unmittelbar auf Beseitigung der tatsächlichen Beeinträchtigung geht. Die Antwort auf diese Frage ist die Entwicklung des Folgenbeseitigungsanspruchs.

2. Der Gang der Darstellung

Der erste Teil dieser Arbeit soll allein der Entwicklung des Folgenbeseitigungsanspruchs in Rechtsprechung und Literatur gewidmet sein. Im Interesse der Klarheit und Übersichtlichkeit soll dabei zunächst auf eine Stellungnahme und Kritik weitgehend verzichtet werden. Hierzu wird im zweiten Teil Gelegenheit sein[18].

---

[14] *Bachof*, Vornahmeklage, S. 106.
[15] Art. 153 WRV, inhaltlich ebenso Art. 14 GG.
[16] Für die h. M.: *Obermayer*, JuS 63, 110 (115). A. A. *Konow*, JR 64, 410.
[17] *Obermayer*, JuS 63, 110 (115); *Bettermann*, DÖV 55, 528 (529); BGHZ 34, 99 (105). Zur historischen Entwicklung vgl. bei *Heidenhain*, Amtshaftung und Entschädigung aus enteignungsgleichem Eingriff, S. 15 ff.
[18] Unten Teil B.

I. Einleitung

Ein nicht geringes Problem bildet die mangelnde Präzision vieler Aussagen. Dabei ist weniger an offensichtliche Unkorrektheiten gedacht, wie z. B. in dem Satz: „Diese Verpflichtung zur Folgenbeseitigung ist ... ein echtes subjektives öffentliches Recht[19]." Gemeint sind vielmehr solche Formulierungen, die in ihrer Unbestimmtheit jeden Aussagewert verlieren oder derart fragmentarisch sind, daß jeweils eine eindeutige Stellungnahme nicht zu entnehmen ist. Solche Fälle führen dann in den Zitaten zu dem sattsam bekannten, leidigen „wohl auch NN".

Für eine geordnete Darstellung des Folgenbeseitigungsanspruchs bieten sich zwei Wege an. Man kann einmal von Fällen, von Sachverhalten ausgehen und fragen, ist hier ein Folgenbeseitigungsanspruch gegeben. Umgekehrt könnte man zuerst den Anspruch und seine Begründung anführen, um dann die Frage zu klären, welche Sachverhalte erfaßt werden. Einer solchen systematischen Behandlung des Folgenbeseitigungsanspruchs stellen sich aber erhebliche Schwierigkeiten entgegen, die darin wurzeln, daß sich im ganzen gesehen die notwendige Folgerichtigkeit zwischen der Anspruchsbegründung und der Ausgestaltung des Anspruchs nach Voraussetzungen und Folgen nicht findet. Das heißt, Autoren, die den Anspruch gleich begründen, sind bei der Frage des Anspruchsbereichs oder der Rechtsfolgen entgegengesetzter Ansicht. Oder umgekehrt wird der Folgenbeseitigungsanspruch auf dieselben Sachverhalte mit den gleichen (oder auch divergierenden) Rechtsfolgen angewandt, aber völlig verschieden begründet. Um zur erforderlichen Übersichtlichkeit zu gelangen, war es deshalb geboten, für die Darstellung eine historisch-systematische Methode zu verwenden, d. h. von einem festen Ausgangspunkt aus die Entwicklung des Folgenbeseitigungsanspruchs aufzuzeichnen.

Als ein solcher Ausgangspunkt bot sich zwanglos die Untersuchung *Bachofs* an[20], die das Problem des Folgenbeseitigungsanspruchs erstmals einer eingehenden Untersuchung unterzogen hat. Hier knüpft die Entwicklung des Folgenbeseitigungsanspruchs an und kann deshalb auch nur von hier aus verfolgt werden.

Vorauszustellen sind lediglich die wenigen positiven Vorschriften, in denen sich der Gesetzgeber zum Folgenbeseitigungsanspruch geäußert hat, ohne aber direkt in die Diskussion einzugreifen.

---

[19] *Haueisen*, JZ 54, 1425.
[20] Vornahmeklage.

II. Die Entwicklung des Folgenbeseitigungsanspruchs

1. Die positiven Normen

Die wichtigste auf den Folgenbeseitigungsanspruch bezogene Vorschrift ist § 113 VwGO vom 21.1.1960. Satz 2 u. 3 des ersten Absatzes lauten:

„Ist der (erg. gemäß S. 1 aufgehobene) Verwaltungsakt schon vollzogen, so kann das Gericht auf Antrag auch aussprechen, daß und wie die Verwaltungsbehörde die Vollziehung rückgängig zu machen hat. Dieser Ausspruch ist nur zulässig, wenn die Behörde dazu in der Lage und diese Frage spruchreif ist."

„Es ist klar, daß § 113 I 2, 3 VwGO das Problem des Folgenbeseitigungsanspruchs hat regeln ... wollen[1]." Ebenso klar ist aber auch, daß der Gesetzgeber hier nur die prozessuale Möglichkeit für die Geltendmachung des Folgenbeseitigungsanspruchs schaffen wollte[2]. Den Anspruch als solchen hat er als gegeben vorausgesetzt[3].

Anderer Ansicht ist hier *Götz*[4], der meint, es liege nichts näher, „als in § 113 I 2, 3 selbst die Grundlage für den Folgenbeseitigungsanspruch zu erblicken", und es für fruchtlos hält, „wenn man für den Anspruch der Folgenbeseitigung nach § 113 I 2 fordert, daß materiellrechtlich ein Folgenbeseitigungsanspruch gegeben sein müsse". Dieser Auffassung steht jedoch die klare amtliche Begründung des Regierungsentwurfs[5] und auch die Fassung der Norm entgegen, die eindeutig nur dem Gericht die Möglichkeit eröffnet, mit der Aufhebung des Verwaltungsakts im Urteil sofort den Ausspruch der Folgenbeseitigungspflicht zu verbinden[6]. Parallelnormen zu § 113 I, 2, 3 VwGO finden sich in § 131 I 1, 2 SGG und § 28 I 2, 3 EGGVG, § 100 I 2, 3 FGO[7].

---

[1] *Bettermann*, JZ 60, 335 (340); *Bachof*, AöR 88, 424 (427, FN 7).
[2] Vgl. die amtl. Begründung zu § 114 d. Regierungsentwurfs, Verhandlungen d. Deutschen Bundestages, 3. Wahlperiode, Drucksache 55, S. 43; VG Hannover, DVBl. 62, 454.
[3] OVG Münster, NJW 64, 1872; *Eyermann - Fröhler*, Rdn. 57 zu § 80 VwGO; *Rupp*, AöR 85, 149/301 (151); *Bachof*, JZ 66, 11 (643).
[4] ZBR 61, 135 ff.
[5] Verhandlungen des Deutschen Bundestages, 3. Wahlperiode, Bundestagsdrucksache 55, S. 43.
[6] Dieser Versuch, die verwaltungsgerichtlichen Verfahrensvorschriften „aktionenrechtlich" zu sehen — in ähnlicher Weise würden sich dazu die §§ 40 ff. VwGO anbieten (*Menger*, Identität des Rechtsgrundes, S. 354), muß auch methodisch scheitern. Kennzeichnend für die actio ist immer die Verbindung eines ganz konkreten Anspruchs mit seiner prozessualen Durchsetzungsmöglichkeit. Die Generalklauseln des Verwaltungsprozeßrechts sind daher für eine aktionsrechtliche Ausdeutung ungeeignet. Auch scheint fraglich, ob man dem Gesetzgeber von 1960 juristische Denkformen unterstellen kann, die in der Folge *Windscheids* zweifellos überwunden worden sind (vgl. zuletzt: *Kaufmann*, JZ 64, 482. Für Art. 19 IV GG: *Bettermann*, Grundrechte III, 2, S. 803). In einem gewissen Rahmen bleiben jedoch (vorsichtige) Schlüsse auf die materielle Rechtslage möglich.
[7] Das SGG stammt zwar vom 3. 9. 1953, wurde aber an dem bereits vor-

II. Die Entwicklung des FBA

Im Recht der Europäischen Gemeinschaft finden sich ähnliche Vorschriften. So hat nach Art. 34 I des Schumann Plans die Hohe Behörde, wenn ihr Handeln vom Gerichtshof für nichtig erklärt wurde, „die Maßnahmen zu ergreifen, die sich aus dem Nichtigkeitsurteil ergeben". Eine entsprechende Norm enthält Art. 176 I EWG-Vertrag und der gleichlautende Art. 149 I Euratom-Vertrag. Nach diesen Vorschriften hat das betreffende Organ „unabhängig von der Schadensersatzpflicht und unabhängig von Verschulden ... alle Auswirkungen der für nichtig erklärten Verwaltungsentscheidung insoweit zu beseitigen, als ihr das durch bloße Verwaltungsmaßnahmen, d. h. ohne Inanspruchnahme ihres eigenen Vermögens möglich ist"[8]. Ein wesentlicher Unterschied zu § 113 I 2, 3 VwGO besteht jedoch darin, daß der Gerichtshof der Europäischen Gemeinschaft nach überwiegender Ansicht[9] der betroffenen Behörde keine bestimmten Beseitigungsmaßnahmen vorschreiben kann. Diese bleiben dem Ermessen der Behörde überlassen.

Den seltenen Fall einer materiellen Regelung des Folgenbeseitigungsanspruchs stellt Art. 39 Bay VwZVG dar[10]: „Ist Verwaltungszwang zur Vollstreckung eines Verwaltungsakts angewendet worden, weil die sofortige Vollziehung angeordnet war, oder die Anfechtung mit einem förmlichen Rechtsbehelf keine aufschiebende Wirkung hatte, so kann der Pflichtige die Beseitigung der Vollstreckungsfolgen insoweit verlangen, als der Verwaltungsakt nach der Vollstreckung rechtskräftig aufgehoben oder abgeändert wird. Ein gleicher Anspruch besteht, wenn der Verwaltungszwang nach Art. 35 (d. i. Ersatzvornahme oder unmittelbarer Zwang) durchgeführt wurde und nachträglich festgestellt wird, daß dem Pflichtigen hierdurch rechtswidrig ein Nachteil verursacht wurde. Weitergehende Ansprüche auf Schadensersatz bleiben unberührt."

---

liegenden Entwurf zur VwGO orientiert. § 28 EGGVG wurde durch § 179 VwGO eingeführt. § 100 I 2, 3 FGO vom 6. 10. 1965 übernimmt wörtlich die Vorschriften der VwGO. Zu § 131 SGG als Regelung des Folgenbeseitigungsanspruchs siehe *Hofmann - Schroeter*, Anm. 1 zu § 131 SGG; *Mellwitz*, Rdn. 5 zu § 131 SGG.

[8] *Much*, Die Amtshaftung im Recht der Europäischen Gemeinschaft für Kohle und Stahl, S. 56. Einen „umfassenden Folgenbeseitigungsanspruch" i. S. *Bachofs* lehnt *Much* (S. 57) für das Gemeinschaftsrecht ab. Von einem Folgenbeseitigungsanspruch im heute anerkannten Umfang kann jedoch gesprochen werden. Vgl. *Fuß*, DÖV 64, 577 (579).

[9] *Schlochauer*, Die Gerichtsbarkeit der Europäischen Gemeinschaft für Kohle und Stahl, Archiv des Völkerrechts, 3. Bd., S. 385 (406); *Daig*, AöR 83, 132 (189); *Roemer*, Rspr. GH II, 105 (130); *Lagrange*, Rspr. GH VII, 63 (76); *Groeben - Boeckh*, Anm. 1 zu Art. 176 EWG-Vertrag; *Much*, Die Amtshaftung im Recht der Europäischen Gemeinschaft, S. 54 f. A. A. *Wohlfahrt - Everling - Glaesner - Sprung*, Anm. 1 zu Art. 176, Anm. 3 zu Art. 171 EWG-Vertrag.

[10] Bayerisches Verwaltungszustellungs- und Vollstreckungsgesetz vom 30. 5. 1961 — GVBl. S. 148. Vgl. auch Art. 28 für die Vollstreckung wegen Geldleistungen.

Auch in anderen Gesetzen finden sich Normen, die dem Bürger materielle Ansprüche gegen die Verwaltung geben, die ihrer Art nach mindestens in die Umgebung des Folgenbeseitigungsanspruchs gehören, ohne daß ihre genaue Stellung hier schon geklärt werden könnte. Dies ist der Fall bei der sogenannten Rückenteignung (§ 57 Landbeschaffungsgesetz, § 102 BBauG, § 59 BadEnteigG) und bei der Aufhebung einer vorzeitigen Besitzeinweisung nach §§ 38 ff. LandbeschG, wo dem Betroffenen in § 42 II das Recht eingeräumt wird, statt einer Entschädigung die Wiederherstellung des früheren Zustandes zu verlangen[11].

2. Der Folgenbeseitigungsanspruch nach Bachof

In *Bachofs* schon mehrfach zitierter Monographie über die Vornahmeklage findet sich zum erstenmal eine eingehende Untersuchung des Folgenbeseitigungsanspruchs[12]. Schon früher war das Thema verschiedentlich — in der Rechtsprechung vor allem — angeklungen, ein Zeichen dafür, daß die Praxis auf der Suche nach einem derartigen Anspruch war. Die in der Praxis unbefriedigende Situation wird immer angesprochen und darauf abgehoben, daß der Betroffene „nicht nur durch den Erlaß der seinerzeitigen Verfügung, sondern auch durch das Fortbestehen des durch das behördliche Eingreifen geschaffenen tatsächlichen Zustandes beschwert und in seinen Rechten verletzt ist", und daß hieran „durch eine bloße theoretische Aufhebung ohne praktische Folgerungen" nichts geändert werde[13]. Die einschlägigen Entscheidungen sollen hier nicht im einzelnen behandelt werden; sie sind bei *Bachof* verarbeitet. Eine Pflicht der Behörde, die Folgen eines aufgehobenen Verwaltungsakts wieder zu beseitigen, wird teils verneint[14], mehrfach aber bejaht[15], ohne daß hierfür eine tragende Begründung gegeben würde[16]. So konnte *Stückrath*[17] in seiner Anmerkung zum Urteil des

---

[11] Dies ist eine Erweiterung gegenüber älteren Gesetzen, die in diesem Fall nur Schadensersatz gewährten. Zum Beispiel: § 25 II Bad. Agrarref.G; § 38 IV Wü-Bad. 1. VO zum Gesetz zur Beschaffung von Siedlungsland und zur Bodenreform; § 31 II Wü-Ho. Bod.Ref.G.

[12] Vornahmeklage, Zweiter Teil: „Der Anspruch auf Beseitigung der Folgen eines aufgehobenen Verwaltungsakts (FBA)"; S. 98 ff.

[13] So VG Stuttgart, DVBl. 50, 792. Ähnlich schon PrOVGE 92, 108.

[14] Hess. VGH, DVBl. 50, 681 mit abl. Anm. *Stückrath*.

[15] PrOVGE 92, 108 u. 113; LG Essen, DRZ 46, 193; VG Stuttgart, DVBl. 50, 792; Württ.-Bad. VGH, VRspr. 1, 342; OVG Hamburg, MDR 49, 506; OVG Münster, DÖV 51, 85; VG München, DVBl. 50, 795. Vgl. auch *Eyermann-Fröhler* (1. Aufl. 1950) Anm. I 1 d) zu § 79 VGG.

[16] Auszunehmen ist hier das Preußische OVG, das vom Polizeirecht her argumentiert.

[17] DVBl. 50, 794. *Stückrath* verweist übrigens in dieser Anmerkung auf die „demnächst erscheinende Schrift" von *Bachof* (gemeint ist *Bachofs* Vornahmeklage).

VG Stuttgart[18] feststellen: „Danach scheint es doch, daß sich eine gewisse überwiegende Meinung zugunsten des Stuttgarter Urteils feststellen läßt[19]." Wie sehr es dabei um praktische Erwägungen ging, mit der Folge, daß juristisch nur vom Ergebnis her argumentiert wurde, zeigen die von *Stückrath* angeführten für einen Folgenbeseitigungsanspruch sprechenden Gründe: „Nach der vom VGH Kassel[20] vertretenen Auffassung müßte man die rechtlichen Konsequenzen in Kauf nehmen, daß eine Behörde zwar einen Verwaltungsakt vor Rechtskraft — vor gerichtlicher Feststellung seiner Rechtmäßigkeit — vollziehen dürfte (also möglicherweise Unrecht zufügen dürfte), daß die Behörde aber nach Aufhebung des Aktes wegen Rechtswidrigkeit den rechtmäßigen Zustand nicht sollte wiederherstellen müssen, ja nicht einmal dürfen!"

Bachof beschränkt seine Untersuchung auf den Fall der verwaltungsgerichtlichen Aufhebung eines bereits vollzogenen — oder erfüllten — rechtswidrigen Verwaltungsakts. Er bejaht hier einen Folgenbeseitigungsanspruch und findet dessen Begründung im Grundsatz der Gesetzmäßigkeit der Verwaltung — Art. 20 III GG. Dazu führt folgende Überlegung[21]: Beim sofortigen Vollzug eines (möglicherweise) rechtswidrigen Verwaltungsakts ist der Vollzugsakt als solcher zwar rechtmäßig (§ 51 VGG bzw. MRVO 165, § 80 VwGO), ändert aber nichts an der Rechtswidrigkeit des Verwaltungsakts und der Vollzugsfolgen. Die Rechtsordnung und im konkreten Fall die Verwaltungsbehörde will den Vollzugserfolg unbedingt herbeiführen, muß aber in Kauf nehmen, daß später die Rechtswidrigkeit des Verwaltungsakts festgestellt wird. Wird der Verwaltungsakt nun aufgehoben und steht damit seine Rechtswidrigkeit fest, „so wäre es unerträglich"[22], wenn jetzt die Behörde den von ihr — gutgläubig — geschaffenen Zustand bestehen lassen dürfte, den zu schaffen ihr nur auf Grund einer falschen rechtlichen Beurteilung möglich war. „Die vorläufige Vollziehung schließt stillschweigend die Verpflichtung zur Beseitigung der Folgen im Falle der späteren Aufhebung ein, sie wäre sonst mit dem Grundsatz der Gesetzmäßigkeit der Verwaltung unvereinbar[23]."

Der Folgenbeseitigungsanspruch wird also gesehen als „Entschädigungsanspruch wegen Inkaufnehmens der Rechtswidrigkeit seitens der vollziehenden Behörde"[24], den der Grundsatz des Art. 20 III GG zwin-

---

[18] Vgl. oben in Anm. 15.
[19] Eine Folgenbeseitigungspflicht bejahen in der Literatur um diese Zeit: *Kleinrahm*, DRZ 47, 140; *Schoen*, BB 48, 48 (50).
[20] Vgl. oben in Anm. 14.
[21] Vornahmeklage, S. 126 ff.
[22] Vornahmeklage, S. 127.
[23] Vornahmeklage, S. 128.
[24] Vornahmeklage, S. 126 (Überschrift des § 11 der Abhandlung).

gend als Ausgleich zum Institut der vorläufigen Vollziehung fordert[25]. Es handelt sich um eine Haftung „aus schuldhaft rechtswidriger Handhabung der Staatsgewalt"[26, 27]. Als positiv-rechtliche Grundlage für die Ableitung des Folgenbeseitigungsanspruchs hält *Bachof* ausdrücklich „die im Art. 20 GG und in den Landesverfassungen enthaltenen Bestimmungen über die Gesetzmäßigkeit der Verwaltung"[28] für ausreichend[29].

Neben dieser Begründung kann der Folgenbeseitigungsanspruch auch „unter dem Gesichtspunkt der Erstattungspflicht"[30] begründet sein. Der allgemein anerkannte Erstattungsanspruch auf der Grundlage des in § 812 BGB zum Ausdruck gekommenen allgemeinen Rechtsgedankens[31] wird von *Bachof* in den Folgenbeseitigungsanspruch mit einbezogen[32].

Eine Rückgängigmachung der Vollstreckung im logischen Sinn ist nicht möglich[33, 34]. Doch lassen sich die fortbestehenden Folgen beseiti-

---

[25] Es geht hier zwar nicht mehr um eine „verfassungskonforme Auslegung", aber doch um eine verwandte Erscheinung, die man in Anlehnung an den bekannten Ausdruck *Fritz Werners* (DVBl. 59, 527) als „verfassungskonkretisierende Rechtsfortbildung" bezeichnen könnte.

[26] Vornahmeklage, S. 129.

[27] Vgl. dazu *Dürig*, JZ 54, 4 ff. (Anm. 9) und JZ 55, 521 ff. (Anm. 14).

[28] Vornahmeklage, S. 128.

[29] Ergänzend verweist *Bachof* auf einen allgemeinen Rechtsgedanken, der in den §§ 717 II, 945, 302 IV ZPO seinen Niederschlag gefunden hat und dahin geht, daß „derjenige, der eine vorläufige Entscheidung auf die Gefahr einer späteren Aufhebung hin vollstreckt oder vollstrecken läßt, den dadurch einem Dritten entstandenen Schaden zu ersetzen hat". Gegen diese Begründung hat sich *Bettermann* in DÖV 55, 528 (531 f.) gewandt und dargelegt, daß selbst wenn den genannten zivilprozessualen Vorschriften ein solcher allgemeiner Rechtsgedanke entnommen werden könnte, er nicht ins öffentliche Recht übertragen werden dürfte, denn „der Staat als Obwalter des allgemeinen Interesses kann nicht mit einem privaten Gläubiger gleichgestellt werden". Vgl. dazu auch *Evers*, Privatsphäre und Ämter für Verfassungsschutz, S. 277 f. Diese zusätzliche Argumentation ist aber für *Bachofs* Begründung des Folgenbeseitigungsanspruchs nicht entscheidend und von ihm — nach einer persönlichen Bemerkung — auch nicht als entscheidend angesehen worden. Die Nennung weiterer positiver Vorschriften sollte vielmehr die Übernahme des Folgenbeseitigungsanspruchs durch die Praxis erleichtern. — Soweit ersichtlich, ist diese Begründung nur einmal, und zwar vom OVG Lüneburg, NJW 52, 440, ausdrücklich übernommen worden.

[30] Vornahmeklage, S. 129.

[31] Grundlegend: *Lassar*, Der Erstattungsanspruch im Verwaltungs- und Finanzrecht, Berlin 1921.

[32] Vornahmeklage, S. 98 ff.: „§ 8. Der Folgenbeseitigungsanspruch insbesondere als Erstattungsanspruch."

[33] Vornahmeklage, S. 99.

[34] Interessant, daß *Paul Laband*, Das Staatsrecht des Deutschen Reiches, Bd. III, S. 357, mit diesem Argument so etwas wie eine Folgenbeseitigungspflicht der Behörde ablehnte. Er führt aus, der Verwaltungsbefehl könne und solle zurückgenommen werden, sobald seine Unrichtigkeit erkannt wird. Aber: „Dies ist natürlich nicht so zu verstehen, als ob damit diejenigen tat-

gen. Hierfür gilt nach *Bachof* der Grundsatz der Naturalrestitution. Dieser Grundsatz sei hier anwendbar, „und zwar um so mehr, als der Rechtsweg gegen Verletzungen durch die öffentliche Gewalt dem Schutze der Freiheit des einzelnen dient, weshalb im Vordergrund weniger der Gedanke eines vermögensrechtlichen Ausgleiches, als vielmehr einer unmittelbaren Abwehr und Beseitigung der Beeinträchtigung dieser Freiheit steht"[35]. Die Beseitigungspflicht erstreckt sich nur auf die unmittelbaren Folgen. Diese sind grundsätzlich unmittelbar zu beseitigen. Wo dies nicht möglich ist, ist Ersatz zu leisten durch Herstellung eines gleichwertigen Zustandes oder in Geld. Nicht zu ersetzen ist der mittelbare Schaden, da die Behörde im öffentlichen Interesse vollstreckt und diese Schäden gar nicht gewollt hat. Auch würde durch eine solche Ausweitung der Ersatzpflicht das Institut der vorläufigen Vollstreckung für die Behörde mit unabsehbaren Risiken belastet und der zugrunde liegende Zweck dadurch vereitelt werden[36].

3. Die weitere Entwicklung

Rechtsprechung und Literatur haben nahezu ausnahmslos[37] den von *Bachof* entwickelten Folgenbeseitigungsanspruch übernommen. Der Folgenbeseitigungsanspruch hat dabei allerdings einige Abwandlungen erfahren, die ihrer großen Tendenz nach dahin gehen, den Tatbestand des Folgenbeseitigungsanspruchs über den von *Bachof* untersuchten Fall hinaus auszudehnen[38], die Rechtsfolgen aber einzuschränken. Diese Entwicklung soll im einzelnen für die drei Kernfragen — Tatbestand, Begründung und Folgen (Umfang) des Anspruchs dargestellt werden[39].

---

sächlichen und rechtlichen Wirkungen, welche die Verfügung bereits hervorgebracht hat, rückgängig gemacht werden müßten. Eine bereits zur Ausführung gebrachte Verwaltungsverfügung kann in der Regel nicht aufgehoben werden, ... weil sich Tatsachen nicht wieder ungeschehen machen lassen."
[35] Vornahmeklage, S. 129.
[36] Vornahmeklage, S. 132. Kritisch dazu: *Evers*, Privatsphäre und Ämter für Verfassungsschutz, S. 278.
[37] *Bettermann*, DÖV 55, 528, hat den Folgenbeseitigungsanspruch Bachofs einer eingehenden kritischen Analyse unterzogen und abgelehnt. Er entwickelt statt dessen einen „quasinegatorischen Wiederherstellungsanspruch" (534). Ihm folgen einige Autoren. Näheres unten III 1. *Götz*, ZBR 61, 135 ff. lehnt die Frage nach einem materiellen Folgenbeseitigungsanspruch ab und will ihn als „rein prozessuales Recht" ansehen. Unklar v. *Turegg-Kraus*, Lehrbuch des Verwaltungsrechts, S. 210 ff., wo ein selbständiger materieller Folgenbeseitigungsanspruch neben den anderen öffentlichen Entschädigungsansprüchen einerseits abgelehnt, andererseits aber eine „entsprechende Entwicklung der Rechtsprechung" anerkannt wird.
[38] Dies ist selbstverständlich kein Widerspruch zu *Bachof*, der eine solche Ausdehnung nicht abgelehnt, sondern seine Untersuchung auf den Fall der gerichtlichen Aufhebung eines bereits vollzogenen Verwaltungsakts beschränkt hat.
[39] Diese Unterteilung ist im Grunde methodisch falsch, da sie den wesens-

Teil A: Der FBA in Literatur und Rechtsprechung

a) Die Voraussetzungen des Folgenbeseitigungsanspruchs

In dem von *Bachof* untersuchten Fall der gerichtlichen Aufhebung eines bereits vollzogenen rechtswidrigen Verwaltungsakts[40] wird von der Rechtsprechung ein Folgenbeseitigungsanspruch durchweg bejaht[41]. Die Vollstreckung eines nichtigen Verwaltungsaktes wird dem gleichgestellt[42]. In der Praxis hat diese Frage aber offenbar keine große Rolle gespielt.

Auch in der Literatur wird für unseren Grundfall ein Folgenbeseitigungsanspruch allgemein bejaht[43]. Weitgehend wird der Folgenbeseiti-

---

mäßigen Zusammenhang zwischen Tatbestand, Rechtsfolgen und Begründung einer Norm und die wechselseitige Bedingtheit dieser Elemente unberücksichtigt läßt. Wie aber bereits angedeutet, fehlt es bei den verschiedenen Stimmen zum Folgenbeseitigungsanspruch häufig an dieser inneren Ordnung. Der Grund hierfür wird später deutlich werden (vgl. unten bei und in Anm. 98). Daher kann im konkreten Fall eine solche äußerliche Ordnung im Dienste der Deutlichkeit Anwendung finden.

[40] *Krüger*, DVBl. 55, 208 f. weist mit Recht darauf hin, daß hier auch ein zunächst rechtmäßiger Verwaltungsakt in Frage kommt, der später rechtswidrig geworden ist. Daß dies möglich ist, betont unter anderen auch *Bachof*, JZ 54, 416 (420); 58, 301 (302); *Stern*, JuS 65, 270 (357); *Wolff*, Verwaltungsrecht I, S. 302. Rechtswidrig wird allerdings nicht der einmalige Setzungsakt (Befehlsvorgang) ex tunc (insoweit richtig: *Ule*, Verwaltungsprozeßrecht, S. 163), sondern die Aufrechterhaltung des fortbestehenden Befehlsinhalts, der sich dem Betroffenen gegenüber ständig neu aktualisiert (*Bachof*, JZ 66, 140 und das dort bespr. Urteil des BVerwG, JZ 66, 138; im Ergebnis ähnlich *Rupp*, Rechtsschutz im Sozialrecht, S. 173 ff.).

[41] Württ.-Bad. VGH, DVBl. 51, 470; OVG Hamburg, DVBl. 51, 472; Württ.-Bad. VGH, DÖV 51, 503; LG Darmstadt, NJW 52, 389; LVG Braunschweig, NJW 52, 240; LVG Hamburg, ZMR 52, 267; OVG Lüneburg, NJW 52, 440; Bay. VGH, EBayVGHnF 5, 8; VGH Bremen, ZMR 52, 119; Württ.-Bad. VGH, ESVGH 1, 68; Hessischer VGH, VRspr. 5, 393; Bay. VGH, ZMR 53, 99; VG Darmstadt, NJW 53, 1608; OVG Lüneburg, OVGE 8, 484; DÖV 55, 89; LVG Schleswig, MDR 55, 569; LVG Gelsenkirchen, ZMR 55, 253; LVG Münster, MDR 56, 509; OVG Hamburg, VRspr. 9, 635; DVBl. 58, 832; VG Hannover, DVBl. 62, 454; OVG Koblenz, DVBl. 64, 773; OVG Münster, NJW 64, 1872; Bay. VGH, BayVBl. 65, 246.

[42] Zum Beispiel: LVG Münster, MDR 56, 509, und früher schon OVG Münster in DÖV 51, 85; OVG Münster, NJW 64, 1872.

[43] *Schlusnus*, Diss., S. 31 ff.; *Götz*, ZBR 61, 135 ff.; *Landmann - Giers - Proksch*, Allgemeines Verwaltungsrecht, S. 235 ff.; *Eyermann - Fröhler*, Rdn. 18 zu § 42 VwGO; *Stern*, JuS 65, 270 (357); *Haueisen*, JZ 52, 913; *Kammer*, DVBl. 52, 689; *Wiethaup*, DVBl. 53, 135; *Naumann*, Die Abgrenzung der Kompetenz der Zivil- und Verwaltungsgerichtsbarkeit, S. 17; *Klinger*, Die Verordnung über die Verwaltungsgerichtsbarkeit in der britischen Zone, S. 329; *Lerche*, RiA 54, 9; *Haueisen*, JZ 54, 1425; *Koellreutter*, Verwaltungsrecht, S. 48; *Loppuch*, NJW 55, 117; *Krüger*, DVBl. 55, 208; *Naumann*, Vom vorbeugenden Rechtsschutz im Verwaltungsprozeß, S. 391 (398 ff.); *Fellner - Fischer*, Anm. 26 zu § 2 WBewG; *Bender*, Allgemeines Verwaltungsrecht, S. 109; *Schlochauer*, Öffentl. Recht, S. 228; *Kiefersauer - Glaser - Brumby*, Grundstücksmiete, Anm. 359 b; *Collasius*, Die Ausfüllung von Lücken im Normensystem des Verwaltungsrechts, S. 222; *Ringe*, DVBl. 58, 378; *Koehler*, Anm. C zu § 113 VwGO; *Klinger*, Anm. F zu § 80 VwGO; *Drews - Wacke*, Allgemeines Polizeirecht, S. 195, 260; *Wolff*, Verwaltungsrecht I, S. 329 ff.; *Schunck - De Clerck*, Anm. 4d zu § 42 VwGO.

II. Die Entwicklung des FBA

gungsanspruch auf den Fall der Rücknahme eines rechtswidrigen Verwaltungsakts durch die Behörde ausgedehnt: „Was aber in dem Falle der Aufhebung eines Verwaltungsakts im Rechtswege Rechtens ist, muß auch gelten, wenn der zwangsdurchgeführte Verwaltungsakt später in anderer Weise — insbesondere durch Aufhebung seitens der Verwaltungsbehörde — seine Erledigung gefunden hat[44]." Allerdings muß dann, wie das OVG Lüneburg weiter ausführt, die Rechtswidrigkeit des Verwaltungsakts im Verfahren über den Folgenbeseitigungsanspruch festgestellt werden.

Der Fall, daß der Verwaltungsakt im Einspruchs- (Widerspruchs-) verfahren von der übergeordneten Verwaltungsbehörde als rechtswidrig aufgehoben wird, wird nur selten ausdrücklich genannt[45], aber wohl überwiegend mit einbezogen[46]. Zum Teil wird von einer Aufhebung des Verwaltungsakts — sei es durch die Behörde oder das Verwaltungsgericht — überhaupt nicht gesprochen, sondern nur an die Rechtswidrigkeit des Verwaltungsakts angeknüpft: „Der Folgenbeseitigungsanspruch ... entsteht, wenn eine Behörde durch den Erlaß eines rechtswidrigen Verwaltungsakts die Rechte eines Staatsbürgers verletzt[47]." Dabei kommt es allerdings zum Konflikt mit dem allgemeinen Grundsatz, daß ein vernichtbarer Verwaltungsakt bis zu seiner Vernichtung wirksam ist[48, 49]. *Bettermann* setzt sich für seinen Beseitigungsanspruch

---

[44] OVG Lüneburg, NJW 52, 440; so schon: VG Stuttgart. DVBl. 50, 792; außerdem: OVG Hamburg, DVBl. 58, 832; Bay. VGH, ZMR 59, 187; OVG Münster, NJW 64, 1872; Bay. VGH, BayVBl. 65, 246; *Schlusnus*, Diss., S. 36; *Eyermann - Fröhler*, Rdn. 18 zu § 42 VwGO; *Forsthoff*, Verwaltungsrecht, S. 252; *Bachof*, JZ 66, 11 (643), für den Fall, daß „eine auf unbefristete Dauer erfolgte Inanspruchnahme von Sachen wegen Fortfalls ihrer Voraussetzungen ex nunc wieder aufgehoben wird". Vgl. auch BGHZ 43, 34 (38), wonach sich aus der Aufhebung einer (rechtswidrigen) Verfügung für die Behörde die Amtspflicht ergibt, „im Rahmen des Zumutbaren die Folgen der bisherigen unrichtigen Sachbehandlung zu beseitigen, wenigstens aber dem Kläger bei seinem Bemühen, den nunmehr rechtlich anerkannten Zustand zu verwirklichen, nach Kräften zu unterstützen". *Wiethaup*, DVBl. 53, 135; *Haueisen*, JZ 54, 1425, der allerdings den Folgenbeseitigungsanspruch auf die Rücknahme vor Eintritt der „förmlichen Rechtskraft" beschränkt; *Klinger*, Anm. F zu § 80 VwGO; *Wolff*, Verwaltungsrecht I, S. 329.

[45] So bei *Wiethaup*, DVBl. 53, 135; *Klinger*, Anm. F zu § 80 VwGO.

[46] Häufig wird allgemein von Aufhebung gesprochen. Z. B.: VG Darmstadt, NJW 53, 1608; LVG Gelsenkirchen, ZMR 55, 253; OVG Hamburg, VRspr. 9, 635; *Drews - Wacke*, Allgem. Polizeirecht, S. 195, ohne daß klar wird, was der Begriff umfassen soll.

[47] LVG Hamburg, ZMR 57, 426. Bei *v. Turegg-Kraus*, Lehrbuch des Verwaltungsrechts, S. 210, ist die Stellungnahme nicht ganz eindeutig.

[48] „Vermutung der Gültigkeit": BVerwGE 1, 67 (69); *Forsthoff*, Verwaltungsrecht, S. 217 ff. Gegen diese Formel: *Bachof*, VerfR I, S. 75; *Wolff*, Verwaltungsrecht I, S. 287 ff. spricht von der Wirkungskraft des Verwaltungsakts. Vgl. auch LVG Hamburg, ZMR 52, 267 und *Siehoff*, Diss., S. 17 ff.; zuletzt *Rupp*, DVBl. 63, 577.

[49] Wie gezeigt, wird ganz überwiegend die Aufhebung des Verwaltungs-

über diesen Grundsatz hinweg⁵⁰. Nach anderer Ansicht entsteht der Folgenbeseitigungsanspruch schon mit dem Vollzug des fehlerhaften Verwaltungsakts, kann aber erst nach dessen Wegfall geltend gemacht werden⁵¹.

In einer frühen Entscheidung zum Folgenbeseitigungsanspruch hat das LG Essen es für die Entstehung eines Folgenbeseitigungsanspruchs genügen lassen, daß die Behörde den Verwaltungsakt „aus irgendwelchen ihr zustehenden Ermessensgründen... wieder aufgehoben hat"⁵². Das führt zu der Frage, ob sich ein Folgenbeseitigungsanspruch auch an einen rechtmäßigen Verwaltungsakt knüpfen kann. Das wird heute weitgehend bejaht⁵³. Man sagt, für das Entstehen eines Folgenbeseitigungsanspruchs sei nicht entscheidend eine Beeinträchtigung durch einen rechtswidrigen Eingriff, sondern eine rechtswidrige Beeinträchtigung durch einen — auch rechtmäßigen — Eingriff. Dazu kommt die These, ein Zustand, den eine Behörde auf Grund eines rechtmäßigen Verwaltungsakts herbeigeführt habe, werde ohne weiteres rechtswidrig, wenn der zugrunde liegende Verwaltungsakt entfalle⁵⁴. Demgemäß wird ein Folgenbeseitigungsanspruch angenommen, wenn ein befristeter Verwaltungsakt durch Fristablauf⁵⁵, ein auflösend bedingter Ver-

---

akts vorausgesetzt. Vgl. die in Anm. 41 u. 43 Zitierten. Ausdrücklich z. B.: *Hegel*, Unterbringung, S. 80 ff. unter § 9 II. Dies wird aber kaum einmal direkt mit der Geltung dieses Grundsatzes begründet. Der Akzent liegt mehr darauf, daß durch die Aufhebung des Verwaltungsakts die Grundlage der Vollziehung entfällt und die Rechtswidrigkeit festgestellt wird.
Richtig: BVerwG, DVBl. 63, 677: „Jedenfalls setzt aber ein Folgenbeseitigungsanspruch voraus, daß der Verwaltungsakt, dessen Folgen beseitigt werden sollten, noch abgehoben oder daß seine Rechtswidrigkeit festgestellt werden kann."

⁵⁰ DÖV 55, 528 (535): „Darüber hinaus ist es nicht einmal nötig, daß der Verwaltungsakt aufgehoben ist." Der Beseitigungsanspruch sei nur auflösend bedingt durch die Unanfechtbarkeit des Verwaltungsakts. Ebenso *Evers*, Privatsphäre und Ämter für Verfassungsschutz, S. 279. *Groß - Kreiling*, DVBl. 63, 393, wollen einen Folgenbeseitiganspruch selbst dann noch zulassen, wenn der Verwaltungsakt unanfechtbar geworden ist. Gegen *Bettermann*: *Ringe*, DVBl. 58, 378.

⁵¹ *Schlusnus*, Diss., S. 72.

⁵² LG Essen, DRZ 46, 193.

⁵³ Vgl. die in den folgenden Anmerkungen Zitierten. Außerdem: *Knoll*, Verhandlungen des 41. Deutschen Juristentages, S. 85 (120 ff.), mit der Einschränkung, daß ein Anspruch nicht gegeben sei, wenn es sich um Folgen handelt, die „nicht mehr in der Hand der Behörde liegen", d. h., die die Behörde nicht aufheben kann.

⁵⁴ Ausdrücksich zum Beispiel: *Wolff*, Verwaltungsrecht I, S. 329; *v. Turegg-Kraus*, Verwaltungsrecht, S. 210 ff.; VG Neustadt, NJW 65, 833. So auch *Obermayer*, JuS 63, 110 (115), und Staats- und Verwaltungsrecht in Bayern, S. 213, der allerdings hier einen Folgenbeseitigungsanspruch ablehnt. *Hegel*, Unterbringung, S. 82, spricht nicht von Rechtswidrigkeit, sondern nur von einer „Divergenz zwischen tatsächlicher Lage und materieller Rechtslage".

⁵⁵ LVG Gelsenkirchen, ZMR 54, 255; OVG Münster, DVBl. 54, 781; OVG

waltungsakt durch Bedingungseintritt[56] oder ein Verwaltungsakt „sonst"[57] weggefallen ist[58].

Zum Folgenbeseitigungsanspruch bei Ablauf eines befristeten Verwaltungsakts führt noch eine andere Entwicklung, die vom Polizeirecht ausgeht. Das Preußische Oberverwaltungsgericht hatte in zwei vielzitierten Entscheidungen[59] ausgesprochen, daß nach Fortfall des eine Notstandsverfügung nach § 21 PVG rechtfertigenden Grundes die Polizei nicht nur die Verfügung außer Kraft zu setzen habe, sondern darüber hinaus insoweit eingreifen müsse, „als allein durch die Außerkraftsetzung die Freistellung des Nichtpolizeipflichtigen von allen ihm aus der Verfügung erwachsenden Lasten nicht erreicht wird". Eine klare Folgerung aus dem allgemein anerkannten polizeirechtlichen Grundsatz, daß die Inanspruchnahme eines Nichtpolizeipflichtigen ultima ratio sein muß und in ihrem Umfang auf das Unumgängliche zu beschränken ist[60].

Diese Rechtsprechung des Preußischen Oberverwaltungsgerichts wurde von den Verwaltungsgerichten fortgeführt und nach der Einführung der verwaltungsgerichtlichen Generalklauseln dem Betroffenen auch ein entsprechender Anspruch zugebilligt[61]. Gleichzeitig wurde dieser nach Begründung und Voraussetzungen rein polizeirechtliche Anspruch mit dem allgemeinen Folgenbeseitigungsanspruch in Beziehung gesetzt[62]

Lüneburg, OVGE 9, 340; LVG Münster, MDR 56, 509; LVG Düsseldorf, ZMR 57, 69; OVG Münster, NJW 64, 1872; VG Neustadt, NJW 65, 833; *Schlusnus*, Diss., S. 38 („ausnahmsweise"); *Pentz*, NJW 54, 432; *Loppuch*, NJW 55, 117; *Krüger* DVBl. 55, 208 ff.; *Siehoff*, Diss., S. 27 ff.; *Drews - Wacke*, Allgem. Polizeirecht, S. 195; *Hegel*, Unterbringung, S. 80 ff.; *Wolff*, Verwaltungsrecht I, S. 302 ff.; *Eyermann - Fröhler*, Rdn. 18 zu § 42 VwGO; *Bachof*, JZ 66, 11 (643).

[56] LVG Münster, MDR 56, 509; *Wolff*, Verwaltungsrecht I, S. 329. In diesem Zusammenhang ist das VG Neustadt, NJW 65, 1934, zu nennen, das „eine Art Folgenbeseitigungsanspruch" auf Beseitigung und Vernichtung erkennungsdienstlicher Unterlagen gibt, wenn der Betroffene durch die Ermittlungen nicht überführt wurde.

[57] OVG Lüneburg, OVGE 8, 484; DÖV 55, 89; Hessischer VGH, DÖV 63, 389: „Später hinfällig gewordener Verwaltungsakt"; OVG Koblenz, DVBl. 64, 773.

[58] A. A. *Obermayer*, JuS 63, 110 (115) und Staats- und Verwaltungsrecht in Bayern, S. 213, der einen Folgenbeseitigungsanspruch ausdrücklich ablehnt und dafür einen „Vollstreckungsanspruch kraft besonderer Rechtsvorschrift" geben will.

[59] PrOVGE 92, 108 u. 113.

[60] Vgl. *Drews - Wacke*, Allgem. Polizeirecht, S. 251, 253.

[61] OVG Lüneburg, JZ 51, 466; LG Darmstadt, NJW 52, 389; OVG Münster, ZMR 52, 283; OVG Berlin, ZMR 54, 134; LVG Gelsenkirchen, ZMR 55, 253. Vgl. auch: LVG Gelsenkirchen, ZMR 54, 255; VG Bremen, DWW 55, 198: *Fischer*, ZMR 52, 283; *Drews - Wacke*, Allgemeines Polizeirecht, S. 260 ff. Ein Aufhebungsanspruch besteht schon gegenüber der Notstandsverfügung: BGH, LM, Verwaltungsrecht, Allgemeines — Verwaltungsakt — Wegfall des Beorderungszwecks, Nr. 2.

[62] So zitiert etwa das LG Darmstadt, NJW 52, 389, für die Anerkennung

und in etwa angeglichen, indem man statt an den Fortfall der Notstandssituation — wie es das Preußische Oberverwaltungsgericht richtig getan hatte — an den Ablauf oder die Aufhebung der Verfügung anknüpfte[63]. Schließlich wurde der im Polizeirecht entwickelte Gedanke ausdrücklich auf die Maßnahmen anderer Behörden übertragen[64].

Umstritten blieb unser Ausgangsbeispiel, die Aufhebung eines Verwaltungsakts durch die Behörde aus irgendwelchen Ermessensgründen[65, 66].

Vor allem im Anschluß an *Bettermann*[67] hat man in der Literatur zum Teil den Folgenbeseitigungsanspruch vom Verwaltungsakt losgelöst und auf alle rechtswidrigen Eingriffe der Verwaltung ausgedehnt, auch wenn sie sich nicht als Regelung eines Einzelfalls auf dem Gebiet des öffentlichen Rechts darstellen[68]. In der Rechtsprechung geht die Tendenz dagegen dahin, den Folgenbeseitigungsanspruch nur bei Eingriffen durch Verwaltungsakt zu geben[69].

Noch weiter geht *Lerche*, der seinen Folgenbeseitigungsanspruch mit dem verfassungskräftigen Erforderlichkeitsprinzip verknüpft mit dem Ergebnis, „diesen Anspruch von seiner ihm beigegebenen Verkettung an einen vorausgegangenen (später für rechtswidrig erklärten) Verwaltungsakt zu lösen und ihn grundsätzlich auch auf das Gebiet für nichtig erklärter Gesetze zu erstrecken"[70]. Denn unter dem Licht jenes Prinzips mache es keinen Unterschied, ob ein ungerechtfertigter oder rechts-

---

des Folgenbeseitigungsanspruchs *Bachofs* Vornahmeklage und PrOVGE 92, 108; 113 nebeneinander. Vgl. auch LG Kassel, DWW 55, 117; *Wolff*, Verwaltungsrecht III, S. 65.

[63] Damit wurde der ursprünglichen Begründung des Preußischen Oberverwaltungsgerichts der Boden entzogen. Denn für die Argumentation aus der Natur der Maßnahmen nach § 21 PVG war das tatsächliche Bestehen oder Nichtbestehen der Notstandslage entscheidend. Dies wurde entweder nicht gesehen — so in der Begründung des LG Darmstadt, NJW 52, 389 — oder für unwesentlich gehalten, da man ja jetzt das allgemeine Fahrwasser des Folgenbeseitigungsanspruchs erreicht hatte. — Wie das Preußische Oberverwaltungsgericht: OVG Münster, OVGE 8, 212; VGH Bad.-Württ., VRspr. 12, 1001. — Vgl. auch die für den Fall des Fristablaufs ablehnende Entscheidung des LVG Köln, ZMR 52, 283.

[64] VG Darmstadt, NJW 53, 1608, für Maßnahmen der Wohnungsbehörde.

[65] Vgl. oben Anm. 52.

[66] Die Frage wurde schon ausdrücklich offen gelassen vom VG Stuttgart, DVBl. 50, 792. Abgelehnt wird ein Folgenbeseitigungsanspruch von *Wiethaup*, DVBl. 53, 135; *Wolff*, Verwaltungsrecht I, S. 329; *Siehoff*, Diss., S. 24. Dagegen VG Darmstadt, NJW 53, 1608: „Dabei kommt es nicht darauf an, aus welchen Gründen die ursprüngliche Inanspruchnahme weggefallen ist."

[67] Unten III 1.

[68] Vgl. unten III Anm. 15.

[69] Ausdrücklich: OVG Lüneburg, NJW 53, 839 und neuerdings VG Minden, DVBl. 65, 339 und VG Köln, DVBl. 65, 882.

[70] *Lerche*, Übermaß und Verfassungsrecht, S. 169.

II. Die Entwicklung des FBA

widriger Beeinträchtigungszustand auf einen Verwaltungsakt oder unmittelbar auf ein Gesetz zurückgehe.

Streitig ist, ob auch im Rahmen gewährender Verwaltungstätigkeit Raum für den Folgenbeseitigungsanspruch ist, der seiner Entwicklung nach „im wesentlichen Eingriffsakten zugeordnet"[71] ist. In Frage kommen hier Fälle, wo eine Behörde es rechtswidrig abgelehnt hat, einen bestimmten Zustand herzustellen.

Abgelehnt unter dem Gesichtspunkt des Folgenbeseitigungsanspruchs wurden Klagen, mit denen der Kläger verlangte, so gestellt zu werden, als sei eine angeblich rechtswidrig abgelehnte Übernahme ins Beamtenverhältnis oder eine Beförderung erfolgt. Dies wird zum Teil damit begründet, daß der Folgenbeseitigungsanspruch nicht im Rahmen gewährender Verwaltungstätigkeit gelte[72]. Das BVerwG[73] betont mehr die Ablehnung einer „Erfolgshaftung" auf der Grundlage des Folgenbeseitigungsanspruchs, wobei allerdings auch dessen Beschränkung „auf Wiederherstellung des — durch hoheitlichen Eingriff veränderten — ursprünglichen Zustandes" anklingt. Dagegen kann nach *Wolff* der Folgenbeseitigungsanspruch dahin gehen, einen Zustand herzustellen, „dessen Ablehnung seitens der Behörde als rechtswidrig aufgehoben worden ist"[74].

Einen Sonderfall stellt die „Folgenbeseitigung contra legem"[75] dar. Dabei geht es um die Frage, ob eine Verwaltungsbehörde, die die Vornahme eines Verwaltungsakts oder eine sonstige Leistung rechtswidrig abgelehnt hat, verpflichtet ist, zu einer Zeit nunmehr positiv zu entscheiden, in der infolge Änderung der Rechts- oder Sachlage der Anspruch nicht mehr besteht. Das OVG Hamburg hat in einem solchen Fall einen derartigen Folgenbeseitigungsanspruch angenommen[76]. Das

---

[71] OVG Koblenz, DVBl. 64, 773, das sich gegen eine Erweiterung auf das Gebiet der gewährenden Verwaltung ausspricht. A. A. *Tietgen*, Der Zugang zu den Ämtern des öffentlichen Dienstes, S. 346. Hier öffnet sich die Perspektive auf die heute heiß umstrittene Problematik des Gesetzesvorbehalts in der sog. Leistungsverwaltung. Vgl. zuletzt: *Jesch*, Gesetz und Verwaltung, S. 175 ff.; *Maunz - Dürig*, Rdn. 130 ff. zu Art. 20 GG; *Rupp*, Grundfragen der heutigen Verwaltungsrechtslehre, S. 113 ff.

[72] OVG Koblenz, DVBl. 64, 773.

[73] BVerwG, BayVBl. 60, 88 und BayVBl. 62, 183.

[74] Verwaltungsrecht I, S. 329. Die näheren Umstände bleiben aber ungeklärt, so z. B. was sich Wolff unter dem Vollzug und den Vollzugsfolgen eines ablehnenden Verwaltungsakts vorstellt.

[75] *Weyreuther*, DVBl. 64, 893.

[76] VRspr. 9, 635. Ähnlich OVG Lüneburg, DVBl. 62, 63 und OVGE 18, 501; auch *Wilhelm*, BayVBl. 64, 350, nimmt hier einen Folgenbeseitigungsanspruch an.

BVerwG hat ähnliche Fälle mit gleichem Ergebnis entschieden, ohne allerdings von Folgenbeseitigungsanspruch zu sprechen[77].

b) Die Begründung des Folgenbeseitigungsanspruchs

Die Rechtsprechung begnügt sich bei der Begründung des Folgenbeseitigungsanspruchs — wie im allgemeinen — mit stichwortartigen Hinweisen. Eine größere Zahl von Entscheidungen folgt der Argumentation *Bachofs,* daß bei der vorläufigen Vollziehung die Behörde die Rechtswidrigkeit des Verwaltungsakts in Kauf nehme und bei dessen Aufhebung daher aus dem Gesichtspunkt der Gesetzmäßigkeit der Verwaltung die Folgen beseitigen müsse[78]. Der Folgenbeseitigungsanspruch wird als „die rechtsstaatlich notwendige Ergänzung zur vorläufigen Vollziehung" bezeichnet[79]. Auch in der Literatur hat man sich dem zum Teil angeschlossen[80].

Diese Begründung deckt allerdings nur wenig mehr als den von *Bachof* behandelten Fall. Die Begründungen sind daher insbesondere in der Literatur wesentlich allgemeiner, um beispielsweise auch den Wegfall eines rechtmäßigen Verwaltungsakts zu erfassen.

Teilweise wird *Bachofs* Begründung dadurch erweitert, daß an die Stelle der Folge des „Inkaufnehmens der Rechtswidrigkeit seitens der vollziehenden Behörde"[81] das „als allgemeiner Rechtsgedanke zu bezeichnende Einstehenmüssen für vorangegangenes Tun"[82] gesetzt wird.

Daneben findet sich die generelle Bezugnahme auf das Rechtsstaatsprinzip oder die Gesetzmäßigkeit der Verwaltung. Auf eine exakte Ab-

---

[77] DVBl. 59, 775; 60, 778; 61, 447. Nach *Bachof,* JZ 66, 11 (643), liegt diesen Urteilen unausgesprochen die Auffassung zugrunde, daß auch die rechtswidrige Ablehnung eines Antrags unter Umständen einen Folgenbeseitigungsanspruch auszulösen vermag. Zu der Rechtsprechung des BVerwG *Weyreuther,* DVBl. 64, 893, der das Bestehen einer solchen Verpflichtung der Behörde für nicht begründbar und gegen die Gesetzesbindung der Verwaltung verstoßend ansieht. Vgl. dazu auch *Ule,* DVBl. 63, 475, der solche Fälle über den Gleichheitssatz lösen will. Ähnlich wie das BVerwG entschieden BSozG, NJW 57, 1693 und BGH, DVBl. 62, 828.
[78] Vgl. oben II Anm. 23, 24; außerdem in MDR 55, 570.
[79] OVG Lüneburg, OVGE 8, 484; LVG Schleswig, MDR 55, 569; vgl. weiter Württ.-Bad. VGH, DVBl. 51, 470; LVG Braunschweig, NJW 52, 240; OVG Lüneburg, NJW 52, 440; Bay. VGH, AS 6, 170.
[80] *Klinger,* MRVO 165, S. 329, Anm. 234; *Dürig,* JZ 54, 4 ff. (Anm. 9) und JZ 55, 521 ff. (Anm. 14); wohl auch *Klinger,* Anm. F zu § 80 VwGO; *Eyermann - Fröhler,* Rdn. 55 zu § 80 VwGO; *Rohwer - Kahlmann,* Anm. 1 zu § 131 SGG; *Mellwitz,* Anm. 5 zu § 131 SGG; *Landmann - Giers - Proksch,* Allgemeines Verwaltungsrecht, S. 238. Früher schon: *Stückrath,* DVBl. 50, 794, unter Hinweis auf Bachofs damals noch nicht veröffentlichte „Vornahmeklage".
[81] Vgl. oben II Anm. 24.
[82] *Eyermann - Fröhler,* Rdn. 54 zu § 80 VwGO. Weiter: OVG Lüneburg, NJW 51, 466; LG Darmstadt, NJW 52, 389; Bay. VGH, BayVBl. 65, 246; *Krüger,* DVBl. 55, 208; *Ringe,* DVBl. 58, 378: „Ingerenz der Behörde".

II. Die Entwicklung des FBA

leitung der Voraussetzungen und Folgen wird dabei verzichtet[83]. Hierher gehört auch die Begründung mit einem „Gebot der Freiheit der Person von ungesetzlichem Zwang", das aus den Art. 2 I, 3 I, 13 III, 14 I in Verbindung mit Art. 20 III GG abgeleitet wird[84].

Lerche[85] hat den Folgenbeseitigungsanspruch mit dem von ihm präzisierten verfassungskräftigen Grundsatz der Erforderlichkeit verknüpft, nach welchem unter mehreren geeigneten Instrumenten nur dasjenige gewählt werden darf, „das die geringsteinschneidenden Folgen hervorruft"[86]. Dieser Grundsatz bliebe unbeachtet, „wollte die Gesetzgebung eingreifende Akte zulassen, ohne dabei das Risiko eines Fehlgebrauchs dieser Ermächtigung (im Sinne objektiver Rechtswidrigkeit) zu berücksichtigen und ohne deshalb eine Folgenbeseitigungspflicht anzuerkennen"[87]. Dies soll aber wohl nicht als eigentliche Begründung zum Folgenbeseitigungsanspruch verstanden werden, da nach Lerche die „übergreifende Figur des Folgenbeseitigungsanspruchs" ohne selbständigen Rechtsgrund[88] aufgeht, „teils in einem Erstattungsanspruch (Rückforderungsanspruch), teils in dem von *Bettermann* entwickelten öffentlich-rechtlichen allgemeinen Anspruch auf Beseitigung rechtswidriger Beeinträchtigung und Unterlassung weiterer Beeinträchtigungen[89], teils im Amtshaftungsanspruch"[90].

Nach einer Entscheidung des BVerwG[91] ist der Folgenbeseitigungsanspruch „aus allgemeinen Grundsätzen des Verwaltungsrechts abzuleiten". Damit sollte aber wohl nicht die Frage nach der Begründung des Folgenbeseitigungsanspruchs angeschnitten werden. Gemeint ist offensichtlich nur, der Folgenbeseitigungsanspruch gehöre zu den allgemeinen Grundsätzen des Verwaltungsrechts[92].

---

[83] OVG Lüneburg, DÖV 62, 467: „so gebietet es der Grundsatz der Gesetzmäßigkeit der Verwaltung und die aus ihm abzuleitende Folgenbeseitigungspflicht"; *Krüger*, DVBl. 55, 208 ff.; *Schlochauer*, Öffentliches Recht, S. 228; *Forsthoff*, Verwaltungsrecht, S. 252; *Obermayer*, JuS 63, 110 (113); *Wolff*, Verwaltungsrecht I, S. 330, der allerdings ein sog. Rechtsprinzip mit heranzieht. Dieses, ein Ausfluß des Sittengesetzes, fordert „nur restriktiv aber kategorisch, auf die Verfolgung eigener Interessen insoweit zu verzichten, als dadurch die Befriedigung objektiv wertvollerer Interessen anderer Menschen vereitelt werden würde" (S. 97). Im Anschluß an Wolff: *Hegel*, Unterbringung, S. 80 ff. Vgl. auch BVerwG, DÖV 60, 804.
[84] *Schlusnus*, Diss., S. 52, 54. Der Gedanke erscheint wieder bei *Ringe*, DVBl. 58, 378 und 834.
[85] *Lerche*, Übermaß und Verfassungsrecht, S. 168 ff.
[86] *Lerche*, Übermaß und Verfassungsrecht, S. 19.
[87] *Lerche*, Übermaß und Verfassungsrecht, S. 168.
[88] Vgl. *Lerche*, Übermaß und Verfassungsrecht, S. 168, Anm. 24.
[89] Dazu unten III 1.
[90] *Lerche*, Übermaß und Verfassungsrecht, S. 168, 172.
[91] DVBl. 59, 580.
[92] Vgl. BVerwG, BayVBl. 60, 88 und DVBl. 60, 854.

Auch unmittelbar an die Rechtswidrigkeit des Verwaltungsakts wird angeknüpft. Daraus ergebe sich nicht nur ein Anspruch auf Aufhebung des Verwaltungsakts, „sondern auch ein Rechtsanspruch auf Beseitigung des begangenen Unrechts"[93]. Denn die Beeinträchtigung des Betroffenen wird durch die Aufhebung des Formalaktes allein nicht beseitigt[94]. Aus der Feststellung der Rechtswidrigkeit des Verwaltungsakts folgt daher „von selbst"[95] der Folgenbeseitigungsanspruch.

Unter etwas anderem Gesichtswinkel ergibt sich der Folgenbeseitigungsanspruch deshalb aus der Aufhebung des Verwaltungsakts, weil damit die Vollzugsmaßnahmen die Rechtsgrundlage verlieren, auf die sie sich stützen[96].

Schließlich darf auch eine Begründung „aus Treu und Glauben mit Rücksicht auf die Verkehrssitte"[97] nicht fehlen.

Das Operieren mit solchen allgemeinen Rechtsgedanken und Grundsätzen wie Treu und Glauben, vorangegangenes Tun, Rechtsstaatsprinzip oder Gesetzmäßigkeit der Verwaltung ohne weitere konkretisierende Deduktion ist zumindest ungenau. Soviel Richtiges solche Sätze für das Problem enthalten mögen, sind sie in ihrer Fassung doch viel zu allgemein, um eine Lösung für konkrete Einzelfragen geben zu können. Aus ihnen läßt sich nichts oder alles ableiten[98]. Hier liegt ein wesentlicher Grund für die oft fehlende strenge innere Abhängigkeit zwischen den Begründungen des Folgenbeseitigungsanspruchs und den gleichzeitig angegebenen Voraussetzungen oder Folgen.

Abschließend müssen noch zwei Sonderfälle erwähnt werden, in denen der Folgenbeseitigungsanspruch beschränkt auf ein bestimmtes Rechtsgebiet aus den Grundsätzen dieses Rechtsgebietes begründet wird. Das ist einmal der schon besprochene Folgenbeseitigungsanspruch im Anschluß an polizeiliche Notstandsmaßnahmen nach § 21 PVG[99]. Der zweite Fall findet sich im Beamtenrecht. Hier hat der Hessische VGH[100] ausge-

---

[93] VG München, DVBl. 50, 795; weiter: OVG Hamburg, DVBl. 51, 472; *Reinhardt*, Verhandlungen des 41. Deutschen Juristentages I 1, S. 233 (289).

[94] VG Stuttgart, DVBl. 50, 792; OVG Hamburg, DVBl. 51, 472; VRspr. 9, 635; *Forsthoff*, Verwaltungsrecht, S. 252; *Evers*, Privatsphäre und Ämter für Verfassungsschutz, S. 278; so schon PrOVGE 92, 108.

[95] Württ.-Bad. VGH, VRspr. 1, 342; ähnlich: Bay. VGH, EBayVGHnF 5, 8 („ohne weiteres"); ZMR 59, 187 („unmittelbar"); *Haueisen*, JZ 54, 1425.

[96] OVG Münster, DÖV 51, 85; VG Neustadt, NJW 65, 833; *Huber*, Wirtschaftsverwaltungsrecht, S. 616.

[97] *Bauer*, WM 62, 133 ff. So schon *Kleinrahm*, DRZ 47, 140.

[98] Vgl. beispielsweise für das Rechtsstaatsprinzip und den Grundsatz der Gesetzmäßigkeit der Verwaltung *Jesch*, Gesetz und Verwaltung, S. 66, 189 ff.; *Bachof*, VerfR I, S. 261.

[99] Siehe oben bei und in Anm. 59 ff.

[100] ESVGH 2, 141.

sprochen, daß bei Aufhebung einer rechtswidrigen, den Beamten belastenden Verfügung der Dienstherr verpflichtet sei, auch die Folgen der Verfügung zu beseitigen: „Diese Rechtspflicht des Dienstherrn gegenüber einem Beamten ergibt sich ... schon aus dem besonderen Treu- und Fürsorgeverhältnis, welches zwischen beiden besteht."

c) Die Rechtsfolgen des Folgenbeseitigungsanspruchs

Wir haben gesehen, daß *Bachof* die Beseitigungspflicht der Behörde auf die unmittelbaren Folgen beschränkt[101]. Diese seien grundsätzlich unmittelbar (Naturalrestitution) zu beseitigen, hilfsweise sei Ersatz durch Herstellung eines gleichwertigen Zustandes oder in Geld zu leisten. Hierbei sind zwei Fragen zu unterscheiden. Die erste geht dahin, welche Folgen zu beseitigen sind, die zweite, auf welche Weise die Beeinträchtigung ausgeräumt werden soll.

Was die Abgrenzung der zu beseitigenden Folgen des Verwaltungsakts angeht, so wird mit *Bachof* einhellig die Meinung vertreten, der Folgenbeseitigungsanspruch erstrecke sich nur auf die unmittelbaren Folgen. Mittelbare Folgen seien dagegen nicht betroffen. Im allgemeinen wird die Frage in Rechtsprechung und Literatur gar nicht erwähnt. Gelegentlich werden die unmittelbaren Folgen genannt[102]. Eine Begründung für diese Einschränkung des Anspruchs wird dort jedoch nicht gegeben. Ebenso bleibt unklar, was unter unmittelbaren und mittelbaren Folgen zu verstehen ist[103].

Eindeutig sind diejenigen Formulierungen, die „Rückgängigmachung der Vollziehung"[104] oder „des Realaktes"[105] verlangen. Beseitigt werden

---

[101] Vornahmeklage, S. 132 und neuerdings in JZ 66, 11 (643).
[102] OVG Hamburg, DVBl. 51, 472; LG Kassel, DWW 55, 117; VGH Stuttgart, DÖV 57, 217; OVG Münster, MDR 57, 188 und ZMR 57, 209; *Bender*, Verwaltungsrecht, S. 109; *Ringe*, DVBl. 58, 834; *Schlusnus*, Diss., S. 65; *Wolff*, Verwaltungsrecht I, S. 330.
[103] Ist das Begriffspaar unmittelbare — mittelbare Folgen etwa gleichzusetzen mit unmittelbarem — mittelbarem Schaden, von dem etwa *Bachof*, Vornahmeklage, S. 130 ff. spricht? Für das bürgerliche Recht bezeichnet zum Beispiel *Lehmann*, Schuldrecht, S. 60, mit unmittelbarem und mittelbarem Schaden das damnum emergens und das lucrum cessans. Von dieser Unterscheidung geht auch *Bachof* aus. Vgl. Vornahmeklage, S. 132. Bei der Abgrenzung zwischen unmittelbaren und mittelbaren Folgen geht es aber weder darum, noch um Fragen des Kausalitätsverlaufs. In letzterem Sinne hält etwa *Esser*, Schuldrecht, S. 167, eine Unterscheidung nach der Nähe oder Ferne zum schadenstiftenden Ereignis für undurchführbar. Für den Folgenbeseitigungsanspruch läßt sich die Grenze m. E. nur danach ziehen, welche Folgen nach dem Inhalt des Verwaltungsakts verwirklicht werden sollten.
[104] OVG Münster, DÖV 51, 85.
[105] LG Darmstadt, NJW 52, 389; vgl. auch VG Stuttgart, DVBl. 50, 792: „Rückgängigmachung ihrer Maßnahme"; BGH, DVBl. 63, 24: „Rückgängigmachung eines Verwaltungshandelns"; OVG Münster, NJW 64, 1872: „Rück-

soll danach das, was von dem Verwaltungsakt ins Tatsächliche umgesetzt wurde. Unmittelbare Folge in diesem Sinne ist, was dem Inhalt des Verwaltungsaktes entspricht, was von dem Verwaltungsakt „geregelt", angeordnet ist. Zu den mittelbaren Folgen zählt dagegen alles, was sich hieraus erst entwickelt[106].

Im gleichen Sinne müssen Formulierungen verstanden werden, die allgemeiner sagen, der Folgenbeseitigungsanspruch richte sich auf die Beseitigung der Folgen des Verwaltungsakts[107], die Beseitigung des durch die Behörde geschaffenen Zustandes[108] und ähnliche[109].

Eine dritte Gruppe von Formulierungen geht dahin, der frühere Zustand[110], der auch der rechtmäßige Zustand genannt wird[111], sei wiederherzustellen. Das heißt, die Behörden haben den Zustand zu schaffen, „in den durch die aufgehobene Verfügung eingegriffen wurde"[112]. Hier

gängigmachung des widerrechtlichen Verwaltungshandelns und der dadurch hervorgerufenen Beeinträchtigung"; ähnlich OVG Koblenz, DVBl. 64, 773. Vgl. weiter: Amtl. Begründung zu § 114 des Regierungsentwurfs, Verhandlungen des Deutschen Bundestages, 3. Wahlperiode, Drucksache 55, S. 43.

[106] Vgl. dazu eingehend: OVG Münster, NJW 64, 1872: „Gegenstand des Folgenbeseitigungsanspruchs sind nicht alle Folgen, welche durch unrichtiges Verwaltungshandeln entstanden sind. Der Folgenbeseitigungsanspruch richtet sich nur auf die Beseitigung des unrechtmäßigen Zustandes, der durch das rechtswidrige Verhalten der Verwaltung geschaffen worden ist, nicht aber auf Ausräumung der dadurch entstandenen weiteren schädigenden Auswirkungen."

[107] LVG Hamburg, ZMR 52, 267; VGH Bremen, ZMR 52, 119; Württ.-Bad. VGH, ESVGH 1, 68; OVG Lüneburg, OVGE 9, 340; LVG Gelsenkirchen, ZMR 55, 253; LVG Düsseldorf, DÖV 55, 316; OVG Münster, NJW 64, 1872; *Kammer*, DVBl. 52, 689; *Forsthoff*, Verwaltungsrecht, S. 252; *Schlochauer*, Öffentliches Recht, S. 228; *Collasius*, Diss., S. 222; *Götz*, ZBR 61, 135 (137).

[108] LVG Münster, ZMR 52, 191; OVG Lüneburg, DÖV 62, 467, OVG Münster, NJW 64, 1872.

[109] VGH Freiburg, DVBl. 53, 28 („die Tatsachenlage der durch die Aufhebung geschaffenen Rechtslage anzupassen"); LVG Hannover, DÖV 56, 157 (Beseitigung der „fortdauernden Auswirkungen"); LVG Hamburg, ZMR 57, 426 („Beseitigung der Beeinträchtigung"); Hess. VGH, DÖV 63, 389 („Ausräumung der durch den Verwaltungsakt entstandenen Beschwer"); *Bender*, Verwaltungsrecht, S. 109 („Beseitigung der Beeinträchtigung"); ebenso: *Schlochauer*, Öffentl. Recht, S. 228; *Stern*, JuS 65, 357 („Beseitigung der tatsächlichen Nachteile und Beeinträchtigungen"); *Obermayer*, Staats- und Verwaltungsrecht in Bayern, S. 159 („Angleichung der Tatsachenlage an die Rechtslage"); ebenso: *Eyermann - Fröhler*, Rdn. 20 zu § 42 VwGO.

[110] LG Darmstadt, NJW 52, 389; Bay. VGH, DÖV 55, 417; LVG Hamburg, ZMR 57, 426; BVerwG, BayVBl. 62, 183 und DVBl. 63, 677; OVG Koblenz, DVBl. 64, 773; Bay. VGH, BayVBl. 65, 246; *Naumann*, Abgrenzung, S. 17.

[111] Württ.-Bad. VGH, DVBl. 51, 470; *Wiethaup*, DVBl. 53, 135; *Haueisen*, JZ 54, 1425; *Reinhardt*, Verhandlungen des 41. Deutschen Juristentages I 1, S. 289; *Bender*, Verwaltungsrecht, S. 109; *Schlusnus*, Diss., S. 61; *Stern*, JuS 65, 270 (357).

[112] Württ.-Bad. VGH, DVBl. 51, 470; *Bender*, Verwaltungsrecht, S. 109; ähnlich: OVG Hamburg, DVBl. 51, 472; Bay. VGH, EBayVGHnF 5, 8 und DÖV 55, 417; Hess. VGH, DÖV 63, 389; BVerwG, DÖV 64, 712.

II. Die Entwicklung des FBA

können in der Tat Zweifel bestehen, ob damit ebenfalls eine Beschränkung auf die Beseitigung der unmittelbaren Folgen des Verwaltungsakts gemeint ist. Die Formulierung ähnelt der des § 249 BGB. Sie unterscheidet sich von ihr dadurch, daß sie sich auf den konkreten Zustand vor dem Eingriff bezieht, während § 249 BGB die Herstellung eines hypothetischen Zustandes[113] verlangt, „der bestehen würde, wenn der zum Ersatz verpflichtende Umstand nicht eingetreten wäre". Genaugenommen wird durch diesen Unterschied bestenfalls der Ersatz des entgangenen Gewinns ausgeschlossen[114], mittelbare Folgen, die sich aus den eigentlichen Vollzugsmaßnahmen entwickelt haben, dagegen mit einbezogen. Allerdings wird für einen Teil dieser Fälle durch den Zusammenhang klargestellt, daß in der Sache eben doch nur eine Beseitigung der unmittelbaren Folgen gewollt ist[115]. Dies wird man teilweise auch dort annehmen müssen, wo eine Klarstellung nicht erfolgt ist[116].

Streitig ist, ob der Folgenbeseitigungsanspruch den Vollzug oder die freiwillige Erfüllung des Verwaltungsakts voraussetzt, oder ob er sich auch auf Folgen beziehen kann, die ohne Vollzug entstanden sind. Die Frage betrifft im Grunde nur wenige Ausnahmefälle, da im Normalfall Folgen erst entstehen, wenn der Verwaltungsakt tatsächlich vollzogen ist. In der Rechtsprechung wird der Folgenbeseitigungsanspruch gelegentlich ausdrücklich darauf beschränkt, daß der Verwaltungsakt be-

---

[113] Vgl. *Esser*, Schuldrecht, S. 169.

[114] Vgl. *Lehmann*, Schuldrecht, S. 90 unter I, 2.

[115] Zum Beispiel: OVG Hamburg, DVBl. 51, 472; LG Darmstadt, NJW 52, 389; LVG Hamburg, ZMR 57, 426; VG Hannover, DVBl. 62, 454; Hess. VGH, DÖV 63, 389; OVG Koblenz, DVBl. 64, 773: Der Folgenbeseitigungsanspruch dient dazu, „den früheren Zustand wiederherzustellen oder — wie es der BGH formuliert hat — das Verwaltungshandeln wieder rückgängig zu machen". Weiter: *Wiethaup*, DVBl. 53, 135; *Bender*, Verwaltungsrecht, S. 109; *Schlusnus*, Diss., S. 65. *Luhmann*, Öffentlichrechtliche Entschädigung rechtspolitisch betrachtet, S. 102, schlägt vor, den Folgenbeseitigungsanspruch de lege ferenda als Wiederherstellungsanspruch in engen Grenzen in ein Rechtsschutzsystem einzubauen. § 1 I seines „Staatshaftungsgesetzes" lautet: „Wer durch rechtswidriges hoheitliches Handeln oder Unterlassen einer Behörde in seinen Rechten verletzt wird, kann nach Maßgabe der folgenden Vorschriften die Herstellung des Zustandes verlangen, der ohne die Rechtsverletzung bestände. Die Behörde hat den rechtmäßigen Zustand, soweit dies ohne Inanspruchnahme Dritter möglich ist, dadurch herzustellen, daß sie die Folgen der Rechtsverletzung beseitigt. Soweit eine Folgenbeseitigung nicht möglich ist, hat sie den Schaden in Geld zu ersetzen. Die §§ 844, 845 BGB finden entsprechende Anwendung" (S. 233).

[116] A. A. noch *Wolff* in der 4. Auflage seines Verwaltungsrechts I: „Rückgängig zu machen oder auszugleichen sind nur die unmittelbaren Wirkungen und diejenigen mittelbaren Wirkungen des Verwaltungsakts, die nicht schon mit seinem Erlöschen entfallen" (S. 303). *Landmann - Giers - Proksch*, Allgem. Verwaltungsrecht, S. 238, stellen auf den hypothetischen Zustand des § 249 BGB ab: Herzustellen sei der Zustand, „der sich ohne den zum Ersatz verpflichtenden Umstand entwickelt haben würde".

reits vollzogen ist[117]. Der Folgenbeseitigungsanspruch sei „als Vollzugsfolgen-Beseitigungsanspruch zu präzisieren"[118].

Im Zusammenhang damit steht die Frage, ob ein Folgenbeseitigungsanspruch gegeben sein kann, wenn der Verwaltungsakt nicht vollstreckt werden mußte, weil die Behörde an einen bestehenden Zustand anknüpfen konnte. Das Problem wurde akut bei der Wiedereinweisung eines Räumungsschuldners in die bisherige Wohnung zur Verhinderung einer Räumungsvollstreckung. Eine Vollstreckung des Räumungstitels hat dabei nicht oder nur „symbolisch" stattgefunden. Der Eingewiesene befindet sich also bereits in den Räumen, in die er eingewiesen wird. Die Rechtsprechung hat hier einen Folgenbeseitigungsanspruch auf Herausnahme des Eingewiesenen versagt, wenn die Einweisungsverfügung aufgehoben wurde oder abgelaufen war[119]. Die Argumentation geht dahin, da der Eingewiesene sich schon vorher in den Räumen befunden habe, könne dies nicht Folge des Verwaltungsakts sein. Die einzige Folge sei vielmehr, daß der Vollstreckungsgläubiger für die Zeit der Einweisung seinen Titel nicht vollstrecken könne. Diese Folge entfalle aber von selbst mit Wegfall des Verwaltungsakts. Im Schrifttum ist diese Auffassung auf Kritik gestoßen[120].

Selbstverständlich setzt ein Folgenbeseitigungsanspruch das Fortbestehen der durch den Verwaltungsakt hervorgerufenen Folgen voraus[121]. Die Folgen müssen aber auch weiterhin allein auf dem Verwaltungsakt beruhen und dürfen nicht etwa eine andere sie tragende Grundlage gefunden haben. So steht es zum Beispiel einem Folgenbeseitigungsan-

---

[117] OVG Hamburg, DVBl. 58, 832; BVerwG, DÖV 62, 464. Dagegen *Bachof*, JZ 66, 11 (643).

[118] OVG Hamburg, DVBl. 58, 832. Dagegen *Ringe*, DVBl. 58, 834, und *Menger*, VerwArch. 50, 77 (91). Die Entscheidung betrifft die Frage, ob die Anwaltskosten im Einspruchsverfahren, das zur Aufhebung des Verwaltungsakts geführt hat, von der Behörde zu erstatten sind (dazu auch *Menger*, VerwArch. 49, 73/84). Die Frage ist heute noch aktuell, denn die Kostenregelung der §§ 154 ff. VwGO findet nur dann auf die Kosten des Vorverfahrens Anwendung, wenn es anschließend zu einem gerichtlichen Verfahren gekommen ist (BVerwG, Bad.-Württ.VBl. 66, 57). Andernfalls richtet sich der Inhalt der Kostenentscheidung (vgl. §§ 72, 73 III 2 VwGO) nach dem — lückenhaften — materiellen Verwaltungskostenrecht (vgl. auch § 65 EVwVerfG 1963). *Eyermann - Fröhler*, Rdn. 12 zu § 162 VwGO, wollen anders als das BVerwG hilfsweise, *Schunck - De Clerck*, Anm. 5a zu § 73 VwGO, generell die §§ 154 ff. VwGO entsprechend anwenden. Ein Folgenbeseitigungsanspruch kommt hier nach richtiger Auffassung nicht in Betracht, weil die Anwaltskosten im Vorverfahren nicht zu den unmittelbaren Folgen des Verwaltungsakts zählen (ebenso: *Wolff*, Verwaltungsrecht I, S. 330).

[119] OVG Münster, MDR 57, 188, ZMR 57, 209 und ZMR 57, 175. Anders jetzt VG Neustadt, NJW 65, 833.

[120] *Bettermann*, MDR 57, 130; *Bauer*, WM 62, 133; *Hegel*, Unterbringung, S. 140. A. A. *Less*, ZMR 57, 221; *Haarmann*, DVBl. 57, 144.

[121] VG Münster, DÖV 62, 305.

spruch entgegen, wenn der Betroffene mit dem zwangsweise Eingewiesenen einen privaten Mietvertrag geschlossen hat[122]. Dagegen entfällt der Folgenbeseitigungsanspruch nicht etwa deshalb, weil der Betroffene die Möglichkeit hat, durch Vollstreckung eines vorhandenen zivilprozessualen Titels den Beseitigungserfolg herbeizuführen[123].

Die zweite Frage, die sich im Rahmen der Rechtsfolgen des Folgenbeseitigungsanspruchs stellt, ist die nach dem „wie" der Folgenbeseitigung. *Bachof*[124] hatte hier primär eine unmittelbare Beseitigung der Folgen vorgesehen, hilfsweise die Herstellung eines gleichwertigen Zustandes oder Geldersatz. Heute beschränkt die ganz überwiegende Meinung den Folgenbeseitigungsanspruch auf eine tatsächliche (unmittelbare) Beseitigung der Folgen. Das heißt, der Folgenbeseitigungsanspruch wird nicht als Schadensersatzanspruch, sondern als Beseitigungsanspruch begriffen[125]. Insofern kann man von einer Beseitigung durch Naturalrestitution sprechen[126]. Zum Teil wird die Herstellung eines dem

---

[122] OVG Münster in dem ZMR 61, 376 in einer Anm. der Schriftleitung zitierten Urteil v. 26. 10. 1955 und OVGE 16, 126. Vgl. schon *Bachof*, Vornahmeklage, S. 136; *Obermayer*, JuS 63, 110 (113).
[123] OVG Münster, ZMR 57, 175; VGH Bad.-Württ., VRspr. 12, 1001; *Fellner - Fischer*, Anm. 26 zu § 2 WBewG. Vgl. auch *Schlusnus*, Diss., S. 65 f., wonach sich an der Verpflichtung der Behörde dadurch nichts ändert, daß dem Betroffenen privatrechtliche Ansprüche gegen Dritte zustehen. Zur Frage des Rechtsschutzbedürfnisses bei bestehendem zivilprozessualem Titel unten IV 3.
[124] Vgl. bei Anm. 101.
[125] Ausdrücklich: VGH Stuttgart, DÖV 57, 217; BVerwG BayVBl. 60, 88 und 62, 183; BGH, DVBl. 63, 24; *Bender*, Verwaltungsrecht, S. 109; *Götz*, ZBR 61, 135 (137). Vgl. *Naumann*, Abgrenzung, S. 25: „Beseitigung von Folgen eines rechtswidrigen Verwaltungsakts in natura." Im übrigen geht dies aus den genannten Formulierungen hervor: Beseitigung der Folgen, Rückgängigmachung der Vollstreckung, Wiederherstellung des früheren Zustandes. Vgl. bei und in Anm. 104 und 105 und weiter bei und in Anm. 107 bis 109 sowie Anm. 110 bis 112. A. A. im Anschluß an *Bachof* noch *Lerche*, RiA 54, 9 ff.; *Landmann - Giers - Proksch*, Allgem. Verwaltungsrecht, S. 238; *Eyermann - Fröhler*, Rdn. 57 zu § 80 VwGO, und der — allerdings wenig qualifizierte — Artikel von *Rath*, SKV 59, 308. Neuerdings hat *Franke*, VerwArch. 66, 357 ff., versucht, neben dem Folgenbeseitigungsanspruch einen Folgenentschädigungsanspruch zu begründen, der sich aus dem Prinzip des sozialen Rechtsstaates in Verbindung mit dem Gleichheitssatz ergibt. Er soll angemessene Entschädigung gewähren, wenn ein nichtiger oder anfechtbarer Verwaltungsakt vollzogen wird und vorläufiger Rechtsschutz im öffentlichen Interesse ausgeschlossen ist.
[126] VG Hannover, DVBl. 62, 454; *Schlusnus*, Diss., S. 65; *Huber*, Wirtschaftsverwaltungsrecht, S. 616; *Eyermann - Fröhler*, Rdn. 20 zu § 42 VwGO; schon *Bachof*, Vornahmeklage, S. 129. Vgl. für den Beseitigungsanspruch des bürgerlichen Rechts: *Esser*, Schuldrecht, S. 93. Der Ausdruck ist hier jedoch insofern ungünstig, als er ganz im Schadensersatzrecht (§ 249 BGB) beheimatet ist und die Herstellung eines (Gesamt-) Zustandes meint, während es beim Folgenbeseitigungsanspruch um die Beseitigung einzelner Folgen geht (so jedenfalls die herrschende Meinung). *Bettermann*, DÖV 55, 528 (529) weist darauf hin, daß sich das Begriffspaar Naturalrestitution — Geldersatz nicht voll mit Restitution — Kompensation deckt. Um Restitution geht es bei der Beseitigung aus dem Folgenbeseitigungsanspruch.

früheren möglichst gleichwertigen Zustandes gefordert, wenn der frühere Zustand nicht genau wiederhergestellt werden kann[127]. Die Grenzen zwischen dem, was hier noch zur Beseitigung der Folgen zu zählen und was schon Ersatzleistung in Realien ist, sind schwer zu finden, da ein Rückgängigmachen und Wiederherstellen im logisch strengen Sinn sowieso nicht möglich ist[128]. Vereinzelt wird noch ein Schadensersatz oder eine Entschädigung in Geld gewährt[129]. Sonst ist man sich aber einig, daß ein solcher Ausgleich in Geld nur unter den Voraussetzungen des Amtshaftungsanspruchs oder nach den Grundsätzen der Aufopferung, bzw. des enteignungsgleichen Eingriffs möglich ist[130].

d) Vorgehen gegen Dritte

In diesem Zusammenhang ist von Interesse, ob und unter welchen Voraussetzungen die zur Folgenbeseitigung verpflichtete Behörde berechtigt ist, zu diesem Zweck Maßnahmen gegen Dritte zu ergreifen. Gedacht ist hier an ein Vorgehen gegen solche dritte Personen, die im Zusammenhang mit dem aufgehobenen oder weggefallenen Verwaltungsakt begünstigt worden sind.

Bachof[131] hat angenommen, die Verpflichtung der Behörde zur Folgenbeseitigung enthalte zugleich die Ermächtigung, die erforderlichen Maßnahmen gegen die durch den rechtswidrigen Verwaltungsakt begünstigten Dritten zu treffen: „Sonst wäre der rechtswidrig begünstigte Dritte gegenüber der Staatsgewalt in seinem unrechtmäßigen Besitzstande stärker geschützt als der rechtswidrig Belastete in seinem recht-

---

[127] Bay.VGH, DÖV 55, 417; VG Hannover, DVBl. 62, 454; *Koehler*, Anm. C zu § 113 VwGO.

[128] *Lehmann*, Schuldrecht, S. 90 unter 1; *Esser*, Schuldrecht, S. 167.

[129] LVG Düsseldorf, DÖV 55, 316; *Eyermann - Fröhler*, Rdn. 57 ff. zu § 80 VwGO, die einen Ausgleich des Schadens in Geld annehmen, beschränkt auf den Umfang einer Aufopferungsentschädigung. Der ganze Folgenbeseitigungsanspruch wird als Unterfall des allgemeinen Aufopferungsanspruchs gesehen (Rdn. 55). Ebenso wohl auch *Wolff*, Verwaltungsrecht I, S. 330: Die Wirkungen des Verwaltungsakts sind „rückgängig zu machen oder auszugleichen". *Redeker*, DVBl. 63, 509, der im Folgenbeseitigungsanspruch einen Ansatzpunkt für ein System der Leistungsstörungen im öffentlichen Recht sieht, will über den Folgenbeseitigungsanspruch finanzielle Leistungen bis zur oberen Grenze einer angemessenen Entschädigung gewähren.

[130] *Klinger*, Anm. F zu § 80 VwGO; *Theune*, JuS 63, 103 (105). Vgl. BGH, DÖV 56, 156; OVG Münster, ZMR 61, 376 (Anm. der Schriftleitung); *Schlusnus*, Diss., S. 65. *Huber*, Wirtschaftsverwaltungsrecht, S. 616, faßt dies noch unter dem Begriff des Folgenbeseitigungsanspruchs zusammen: Der „Folgenbeseitigungsanspruch richtet sich, wenn die Naturalrestitution unmöglich geworden ist, auf Schadensersatz, sei es (bei schuldhafter Rechtsverletzung) aus dem Prinzip der Amtshaftung, sei es (bei schuldlos rechtswidrigem Eingriff) aus dem Prinzip der analog anzuwendenden Aufopferungsgrundsätze".

[131] Vornahmeklage, S. 135.

mäßigen Besitzstand[132]." Dabei ist jedoch zu beachten, daß nur gegen den unmittelbar Begünstigten und seine Rechtsnachfolger vorgegangen werden kann und nur insoweit, als die Begünstigung noch auf dem Akt der Behörde beruht und nicht etwa durch einen anderen wirksamen Rechtsgrund gestützt wird.

Diese Ansicht *Bachofs* wird heute noch allgemein vertreten[133]. Sie wird jedoch selten ausdrücklich anerkannt, oft dagegen — insbesondere in der Rechtsprechung — stillschweigend vorausgesetzt[134]. Jedoch braucht ein Dritter nicht „die Folgenbeseitigung unter Aufgabe von Rechten hinzunehmen, die er auf Grund der rechtswidrigen Tatsachenlage durchaus rechtmäßig erlangt hat"[135].

4. Der Erstattungsanspruch

Vom Beginn seiner Entwicklung an wurde der Folgenbeseitigungsanspruch mit dem öffentlich-rechtlichen Erstattungsanspruch[136] in Verbindung gebracht. Der verbindende Punkt ist die Aufhebung bzw. der Wegfall eines Verwaltungsakts. Hat der Adressat eines Verwaltungsakts an die Behörde eine Leistung erbracht, oder umgekehrt formuliert, hat die Behörde durch den Verwaltungsakt etwas erlangt, so hat die Behörde das Erlangte herauszugeben, da in dem Verwaltungsakt der Rechtsgrund für die Leistung entfallen ist (Erstattungsanspruch). Gleichzeitig kommt aber auch ein Folgenbeseitigungsanspruch in Frage, der ebenfalls auf die Rückgewähr der Leistung gerichtet ist, um so die Folge des entfallenen Verwaltungsakts zu beseitigen. So lag es nahe, beide Ansprüche miteinander zu verknüpfen[137]. Die herrschende Mei-

---

[132] Ebenda. *Jesch*, Gesetz und Verwaltung, S. 193 ff., hat nachgewiesen, daß der Entzug von Vorteilen, die auf Grund eines rechtswidrigen Aktes erlangt wurden, nicht unter den Vorbehalt des Gesetzes fällt.
[133] Bay.VGH, BayVBl. 65, 246; *Obermayer*, JuS 63, 110 (114) und Staats- u. Verwaltungsrecht in Bayern, S. 210 ff.; *Eyermann - Fröhler*, Rdn. 56 zu § 80 VwGO.
[134] Als Beispiel für viele: OVG Lüneburg, DÖV 62, 467. Hier wird ohne weiteres angenommen, daß die Baubehörde gegen den durch die aufgehobene Baugenehmigung Begünstigten im Rahmen der Folgenbeseitigung eine Abbruchsverfügung erlassen kann. Zum Folgenbeseitigungsanspruch des Nachbarn im Baurecht: *Lamberg*, NJW 63, 2154; *Bender*, NJW 66, 1989 (1995 f.).
[135] *Obermayer*, JuS 63, 110 (114). Ähnlich: *Schlusnus*, Diss., S. 65 f. In größerem Umfang will offenbar *Scheuner*, DÖV 55, 545, die Rechte der Dritten schützen. Für den Fall, daß ein zunächst rechtmäßiger Verwaltungsakt weggefallen ist, vgl. *Knoll*, Verhandl. d. 41. Deutschen Juristentages, S. 120 f.
[136] Zum Erstattungsanspruch grundlegend: *Lassar*, Der Erstattungsanspruch im Verwaltungs- und Finanzrecht; *Bachof*, Vornahmeklage, S. 100 ff.
[137] Schon bei *Lassar* finden sich Formulierungen, die auf einen Folgenbeseitigungsanspruch hinweisen: „Das Tatbestandsmerkmal der Bereicherung kommt überhaupt nicht in Frage. Der Anspruch ist gerichtet auf die *Beseitigung der Folgen des Verwaltungsaktes*, der zwar in rechtmäßiger

nung ist denn auch mit *Bachofs* „Vornahmeklage" der Auffassung, der öffentlich-rechtliche Erstattungsanspruch sei ein Unterfall des Folgenbeseitigungsanspruchs. Dabei beläßt man dem Erstattungsanspruch zum Teil eine gewisse Selbständigkeit, insbesondere in der Begründung[138], zum Teil läßt man ihn aber auch ganz im Folgenbeseitigungsanspruch aufgehen[139].

Die Gegenmeinung weist auf die Verschiedenheit der zugrunde liegenden Rechtsgedanken hin und folgert daraus, daß beide Ansprüche unabhängig nebeneinander stünden[140].

III. Fortsetzung: Der Folgenbeseitigungsanspruch im Rahmen weitergehender Ansprüche

Außerhalb der allgemeinen Entwicklung des Folgenbeseitigungsanspruchs sind vier Autoren zu nennen, die den Folgenbeseitigungsanspruch im bisher aufgezeigten Sinn als Teil eines nach den Voraussetzungen und überwiegend auch nach den Rechtsfolgen weiteren Anspruchs bzw. Anspruchssystems sehen. Sie entziehen sich dadurch unserem oben benutzten Darstellungsweg und erfordern jeweils einen eigenen Abschnitt.

1. Der quasinegatorische Wiederherstellungsanspruch Bettermanns

Bettermann hat in seiner Abhandlung „Zur Lehre vom Folgenbeseitigungsanspruch"[1] in Auseinandersetzung mit *Bachof* dessen Folgen-

---

Ausübung der öffentlichen Gewalt ergangen, aber *relativ rechtswidrig* ist" (S. 178). Die Rechtswidrigkeit wird jedoch nur herangezogen, um das Fehlen einer causa darzutun: „Es liegt demnach eine, wenn auch nur verhältnismäßige, objektive Rechtswidrigkeit vor, wenn jemand zu einer von ihm nicht geschuldeten Abgabe herangezogen wird. Daher ermangelt die Zahlung, die auf Grund dieser Veranlagung erfolgt, der causa" (S. 180). Damit befindet sich Lassar wieder in den Grenzen seines allgemeinen Erstattungsanspruchs: „Eine causa-lose öffentliche Leistung, deren Inhalt einen Vermögenswert hat, ist demjenigen zu erstatten, auf dessen Kosten sie bewirkt ist" (S. 226).

[138] OVG Hamburg, DVBl. 51, 472; *Bachof*, Vornahmeklage, S. 129; *Bettermann*, DÖV 55, 528 (534); *Siehoff*, Diss., S. 50; *Theune*, BayVBl. 63, 103; *Wolff*, Verwaltungsrecht I, S. 330.

[139] Württ.-Bad.VGH, ESVGH 1, 68 und VRspr. 9, 501; Hess.VGH, DÖV 56, 185; *Wiethaup*, DVBl. 53, 135; *Schlochauer*, Öffentliches Recht, S. 228; *Koehler*, Anm. C zu § 113 VwGO; *Klinger*, Anm. F zu § 80 VwGO; *Eyermann - Fröhler*, Rdn. 18, 19 zu § 42 VwGO; *Redeker - v. Oertzen*, Anm. 6 zu § 113 VwGO; *Götz*, ZBR 61, 135 (136): Der Erstattungsanspruch sei der „wichtigste Fall" des Folgenbeseitigungsanspruchs. „Alleiniger und selbständiger Rechtsgrund für die Erstattungspflicht ist der Folgenbeseitigungsanspruch."

[140] *Schlusnus*, Diss., S. 65; *Collasius*, Diss., S. 222; *Obermayer*, JuS 63, 110 (115).

[1] DÖV 55, 528.

III. Der FBA im Rahmen weitergehender Ansprüche

beseitigungsanspruch abgelehnt und statt dessen einen „quasi-negatorischen Wiederherstellungsanspruch" in der Form eines „wiederherstellenden Beseitigungsanspruchs" entwickelt. *Bettermanns* Beseitigungsanspruch war von großem Einfluß auf die Entwicklung des Folgenbeseitigungsanspruchs. Zuletzt wurde er sogar als „Variante" dem Folgenbeseitigungsanspruch einverleibt[2]. Dies ist nur zum Teil berechtigt, da der Beseitigungsanspruch *Bettermanns* wesentlich umfassender ist als der Folgenbeseitigungsanspruch.

Bettermann wendet sich gegen einen Folgenbeseitigungsanspruch als Schadensersatzanspruch, der aus Art. 20 III GG abgeleitet wird[3]. Die Geltung des Grundsatzes von der Gesetzmäßigkeit der Verwaltung besage nichts darüber, welche Folgen eintreten, wenn der Grundsatz verletzt wird. Auch sei es mit der Vermutung der Gültigkeit eines Verwaltungsaktes[4] schlecht vereinbar, eine allgemeine Pflicht der Verwaltung anzunehmen, jede Folge ihres rechtswidrigen Verhaltens zu beseitigen. Tue man dies aber, so begründe man eine allgemeine Staatshaftung für schuldlos rechtswidrige Amtshandlungen, die dem deutschen Recht fremd sei[5].

Bettermann begründet demgegenüber einen „Folgenbeseitigungsanspruch als quasinegatorischen Wiederherstellungsanspruch"[6]. Er beruft sich auf die Entwicklung des quasinegatorischen Beseitigungsanspruchs im Zivilrecht und überträgt ihn ins öffentliche Recht. Dem vom Reichsgericht (RGZ 148, 114) aufgestellten „Gebot der Gerechtigkeit, daß die fortdauernde widerrechtliche Beeinträchtigung ohne Rücksicht auf die Schuldfrage beseitigt werden müsse", sei unter dem Grundgesetz auch der Staat unterworfen[7], da er nicht weniger als der Bürger an Recht und Gesetz gebunden sei.

---

[2] Vgl. zuletzt *Theune*, BayVBl. 63, 103. So werden etwa auch *Bachof* und *Bettermann* unterschiedslos nebeneinander für die Geltung des Folgenbeseitigungsanspruchs zitiert: z. B. OVG Hamburg, DVBl. 58, 832.

[3] Soweit *Bettermann* einer Begründung aus dem Rechtsgedanken der §§ 717 II, 945 ZPO widerspricht, kann dies dahingestellt bleiben, da diese Begründung für *Bachof* nicht entscheidend war. Vgl. oben II Anm. 29.

[4] Vgl. dazu oben II, Anm. 48.

[5] Diese Kritik geht an *Bachof* vorbei, weil sie übersieht, daß *Bachof* den Folgenbeseitigungsanspruch nicht allgemein aus dem Prinzip der Gesetzmäßigkeit der Verwaltung, sondern ganz konkret am Institut der sofortigen Vollziehung entwickelt hat. Sie mag dagegen andere Vertreter des Folgenbeseitigungsanspruchs treffen. Verfehlt ist in jedem Fall der Hinweis auf die „Vermutung der Gültigkeit" eines Verwaltungsakts, da es beim Folgenbeseitigungsanspruch gerade um aufgehobene oder entfallene Verwaltungsakte geht (vgl. *Hegel*, Unterbringung, S. 87).

[6] Titel unter IV der Abhandlung.

[7] Mit derselben Begründung stellt *Siehoff*, Diss., S. 83 ff., einen allerdings sehr viel engeren Beseitigungsanspruch auf.

Inhaltlich geht der Anspruch auf die Beseitigung des rechtswidrigen Zustandes: „Die Wiederherstellung des alten Zustandes, die restitutio in integrum, wird hier nicht als Folgenbeseitigung, als Schadensersatz, sondern als Störungsbeseitigung beansprucht und geschuldet. Der negatorische Wiederherstellungsanspruch entfällt daher, wenn und soweit die Wiederherstellung entweder zur Beseitigung der Störung nicht nötig oder nicht mehr möglich ist[8]."

Der Anspruch wird in folgender „Grundnorm" formuliert: „Wenn der Staat oder ein anderer Träger öffentlicher Gewalt in deren Ausübung jemand in seiner Rechtsstellung widerrechtlich beeinträchtigt, so hat er die Beeinträchtigung zu beseitigen und weitere Beeinträchtigung zu unterlassen. Zur Beseitigung gehört die Wiederherstellung des vor der Beeinträchtigung bestehenden Zustandes, soweit sie möglich ist[9]."

Der Anwendungsbereich dieses Beseitigungsanspruchs geht weit über den Folgenbeseitigungsanspruch hinaus[10]: Er setzt keinen Verwaltungsakt voraus, sondern eine beliebige Amtshandlung. Liegt ein belastender Verwaltungsakt vor, so geht der Anspruch auch auf dessen Aufhebung. Wer den Verwaltungsakt aufhebt, ist gleichgültig. Bei ex nunc-Aufhebung kann nur Unterlassen weiterer Beeinträchtigungen verlangt werden. Einer Aufhebung des Verwaltungsaktes bedarf es nicht. Der Beseitigungsanspruch ist nur auflösend bedingt durch die Unanfechtbarkeit des Verwaltungsakts[11].

Später[12] begründet *Bettermann* seinen Beseitigungsanspruch nicht mehr durch die Übernahme zivilrechtlicher Institutionen. Er meint, der Anspruch auf Beseitigung des rechtswidrigen Zustandes und auf Unterlassen weiterer rechtswidriger Beeinträchtigungen bedürfe keiner positiv-rechtlichen Grundlage im Gegensatz zur Schadensersatz-, Entschädigungs- oder Strafsanktion. Der Anspruch ergebe sich „schon aus dem Rechtsstaatsprinzip, insbesondere aus dem Grundsatz gesetzmäßiger Verwaltung, also aus Art. 20 III GG"[13].

Der Einfluß, den *Bettermanns* Beseitigungsanspruch auf die Lehre vom Folgenbeseitigungsanspruch genommen hat, ist verschieden. Die

---

[8] DÖV 55, 535. Unrichtig *Jaenicke*, VVDStRL 20, 135 (157), Anm. 50, der meint, *Bettermann* tendiere hier zu einem umfassenden Wiedergutmachungsanspruch im Sinne von *Haas* und *Menger*.
[9] DÖV 55, 528 (536). Vgl. auch *Bettermann*, MDR 57, 130. Ähnlich *Evers*, Privatsphäre u. Ämter für Verfassungsschutz, S. 279.
[10] DÖV 55, 528 (535).
[11] Zu letzterem vgl. oben II bei und in Anm. 50.
[12] Grundrechte III, 2, S. 803 ff.
[13] Grundrechte III, 2, S. 803. A. A. *Bettermann*, DÖV 55, 528 (531): Die Geltung des Grundsatzes von der Gesetzmäßigkeit der Verwaltung besage nichts darüber, welche Folgen eintreten, wenn der Grundsatz verletzt wird.

III. Der FBA im Rahmen weitergehender Ansprüche

überwiegende Meinung sieht heute im Folgenbeseitigungsanspruch keinen Anspruch auf Schadensersatz oder Entschädigung, sondern, in Übereinstimmung mit *Bettermann*, einen reinen Restitutionsanspruch[14]. Einer Ablösung des Folgenbeseitigungsanspruchs vom Verwaltungsakt ist man dagegen in Rechtsprechung und Schrifttum nur zum Teil gefolgt[15]. Abgelehnt wurde *Bettermanns* Ansicht, der Folgenbeseitigungsanspruch könne auch entstehen und geltend gemacht werden, ohne daß der Verwaltungsakt aufgehoben wurde[16].

2. Der allgemeine Wiedergutmachungsanspruch

Im Gegensatz zu *Bettermann* haben *Menger*[17] und *Haas*[18] einen allgemeinen Wiedergutmachungsanspruch angenommen, der alle Beseitigungs- und Schadensersatzansprüche für rechtswidrige hoheitliche Eingriffe umfassen soll. Der Folgenbeseitigungsanspruch stellt sich als Unterfall dieses Wiedergutmachungsanspruches dar[19].

Menger geht von einer ungeschriebenen „materiellen Grundnorm des öffentlich-rechtlichen Wiedergutmachungsanspruchs"[20] aus, die sowohl der Anfechtungs- bzw. Vornahmeklage, als auch den Entschädigungs- und Schadensersatzansprüchen für rechtswidrige Eingriffe der öffentlichen Hand zugrunde liegen soll. Sie lautet: „Wenn der Staat oder ein anderer Hoheitsträger durch einen Organwalter in Ausübung öffentlicher Amtstätigkeit jemanden in seiner Rechtsstellung widerrechtlich beeinträchtigt, so hat er den Zustand herzustellen, der bestehen würde,

---

[14] Vgl. Bettermann, JZ 60, 335 und oben II 3 c.
[15] Ule, DVBl. 59, 583 und Verwaltungsprozeßrecht, S. 102; Obermayer, Staats- und Verwaltungsrecht in Bayern, S. 159 und JuS 63, 110 (114); BGHZ 34, 99 (108); wohl auch LVG Hamburg, ZMR 57, 426. Ablehnend neuerdings VG Minden, DVBl. 65, 339; VG Köln, DVBl. 65, 882. Dagegen unterscheidet Götz, ZBR 61, 135 (136) ausdrücklich zwischen einem Unterlassungs- und Beseitigungsanspruch bei einfachem Verwaltungshandeln und dem Folgenbeseitigungsanspruch beim Verwaltungsakt.
[16] Ringe, DVBl. 58, 378 und DVBl. 58, 834; Hegel, Unterbringung, S. 88. Wie Bettermann wohl LVG Hamburg, ZMR 57, 426. Die Regel, daß der Folgenbeseitigungsanspruch erst nach Aufhebung des Verwaltungsakts geltend gemacht werden kann, wird durch § 113 I 2 VwGO aus prozeßökonomischen Gründen durchbrochen. Andernfalls müßte die Rechtskraft des Anfechtungsurteils abgewertet werden (Hegel, Unterbringung, S. 103; Ule, Verwaltungsgerichtsbarkeit, Anm. I 1 zu 113 VwGO).
[17] Identität des Rechtsgrundes, S. 347 ff.; Grundrechte III/2, S. 733, 749 ff.; DÖV 55, 591.
[18] System der öffentlichrechtlichen Entschädigungen, S. 54 ff.
[19] Menger, Identität des Rechtsgrundes, S. 350, Anm. 13; Haas, System der öffentlichen Entschädigungen, S. 63 ff. Danach umfaßt der Wiedergutmachungsanspruch unter anderem die Folgenbeseitigung im engen Sinn. Auf der anderen Seite wird der „Wiedergutmachungsanspruch für alle Arten von Schäden und alle Fälle der Rechtswidrigkeit" als Folgenbeseitigungsanspruch bezeichnet.
[20] Identität des Rechtsgrundes, S. 350.

wenn die Beeinträchtigung nicht eingetreten wäre[21]." Diese Grundnorm habe teilweise einen positiven Niederschlag in Art. 34 GG in Verbindung mit § 839 BGB und in den verwaltungsprozessualen Vorschriften über die „nachträglichen" und „ursprünglichen"[22] Verwaltungsstreitsachen gefunden. Sie steht in „dogmatischer Parallele zu den zivilrechtlichen Wiedergutmachungs- (Ausgleichs-)ansprüchen mit ihren verschiedenen Ausprägungen, etwa der actio negatoria oder des deliktischen Schadensersatzanspruchs"[23]. Diesen beiden Ausprägungen entsprechen nach Menger im öffentlichen Recht die Anfechtungsklage und der Amtshaftungsanspruch.

Der Grundgedanke der Geschiedenheit der Rechtssphären von Störer/Schädiger und Beeinträchtigtem, der dem zivilen Restitutionsrecht zu grunde liege, lasse sich auf das Verhältnis übertragen, das zwischen dem in seinen Rechten beeinträchtigten Bürger und dem rechtswidrig handelnden Hoheitsträger besteht. „Danach verlangt die Forderung nach kongruentem Rechtsdenken, die Rechtsfolge Wiedergutmachung in vollem Umfang auf den Tatbestand der öfentlichrechtlichen Rechtsverletzung anzuwenden, mithin Anfechtungs- und Vornahmeklage und die Staatshaftungsklage als die bloß verschiedenen Seiten ein und derselben Anspruchsgrundlage zu verstehen[24]." Wiedergutmachung im vollen Umfang bedeutet dabei „Herstellung des Zustandes, der ohne Eintritt des schädigenden Ereignisses bestanden haben würde, nicht nur Wiederherstellung des status quo"[25]. Der Betroffene kann die Aufhebung bzw. Vornahme eines Verwaltungsakts oder einer Verwaltungshandlung verlangen. Soweit dies nicht möglich oder ausreichend ist, kann er Schadensersatz verlangen[26]. Als Rechtsgrundlage für den Schadensersatzanspruch dient bei schuldhafter Rechtsverletzung die „Staatshaftung" gemäß Art. 34 GG i. V. m. § 839 BGB, bei schuldloser Rechtsverletzung der „sogenannte Quasiaufopferungsanspruch wegen schuldlos rechtswidriger Eingriffe und wegen Gefährdungshaftung"[27].

---

[21] Identität des Rechtsgrundes, S. 350.
[22] Zu diesen Begriffen: *Menger*, System des verwaltungsgerichtlichen Rechtsschutzes, S. 135 ff.
[23] *Menger*, Identität des Rechtsgrundes, S. 350.
[24] Identität des Rechtsgrundes, S. 353. Dogmatisch läßt sich das de lege lata nicht halten. Der von *Menger* mit Staatshaftungsklage bezeichnete Amtshaftungsanspruch ist primär gegen den Beamten, nicht gegen den Staat gerichtet (vgl. oben I Anm. 17). Er kann daher nicht die gleiche Grundlage haben wie die direkt gegen den Staat gerichtete Anfechtungs- und Vornahmeklage.
[25] Identität des Rechtsgrundsatzes, S. 352.
[26] Vgl. die Zusammenfassung der Restitutionsgrundnorm, Identität des Rechtsgrundes, S. 358 ff.
[27] Identität des Rechtsgrundes, S. 355. Dieser Quasiaufopferungsanspruch geht auf Ersatz des vollen Schadens. Vgl. *Forsthoff*, Verwaltungsrecht, S. 334, auf den *Menger* verweist.

III. Der FBA im Rahmen weitergehender Ansprüche

Mengers Auffassung ist auf Kritik gestoßen. Es wird ihm vorgehalten, er schaffe einen umfassenden Ersatzanspruch gegen die öffentliche Hand für schuldlos rechtswidriges Verwaltungshandeln, was mit dem geltenden Recht nicht vereinbar sei[28,29].

Ob *Mengers* öffentlichrechtlicher Wiedergutmachungsanspruch einen Folgenbeseitigungsanspruch im Sinne eines reinen Beseitigungsanspruchs umfaßt, bleibt unklar. Einerseits wird der Folgenbeseitigungsanspruch als Wiedergutmachungsanspruch im „engeren Sinne"[30] bezeichnet. Auf der anderen Seite nennt Menger bei der Präzisierung seiner Grundnorm eine Folgenbeseitigung nicht[31]. Vielmehr richtet sich der Anspruch des Betroffenen, der durch einen Verwaltungsakt oder durch eine Verwaltungshandlung in seinen Rechten verletzt wurde, nur auf die Beseitigung des Verwaltungsaktes bzw. der Verwaltungshandlung oder auf Schadensersatz[32]. Danach wäre ein Folgenbeseitigungsanspruch nur insoweit mit einbegriffen, als er sich — nach der Auffassung in *Bachofs* Vornahmeklage — auf Ausgleich in Geld richtet. Eine eigentliche Folgenbeseitigung könnte dagegen nicht verlangt werden[33].

Ähnlich wie *Menger* faßt *Haas* in seinem Wiedergutmachungsanspruch die überkommenen Institute der Amtshaftung, der Aufopferungsentschädigung für rechtswidrige Eingriffe und den Folgenbeseitigungsanspruch zusammen[34]. Der Anspruch richtet sich unmittelbar gegen den Staat[35]. Seine Grundlage „muß" der Anspruch nach *Haas* im Grundgesetz finden, da die Lösung des Rechtswidrigkeitsproblems ein „Essentiale des modernen Rechtsstaates" sei und „zum notwendigen Minimum

---

[28] OVG Münster, NJW 64, 1872. Bettermann, DÖV 55, 528 (536); *Scheuner*, DÖV 55, 545 (549) und JuS 61, 243 (246); *Jaenicke*, VVDStRL 20, 135 (156). Dagegen folgt das VG Frankfurt, DVBl. 60, 635, *Menger*. Theune, Bay. VBl. 63, 103 (108), meint jedoch, das Gericht hätte trotz der Formulierung keinen Ersatzanspruch in Geld gewährt, wenn die Rückgängigmachung unmöglich gewesen wäre.
[29] Unrichtig ist es, wenn *Scheuner*, JuS 61, 243 (246), Anm. 30, *Menger* vorhält, er verletze die Zuständigkeitsvorschrift des Art. 34 Satz 3 GG, indem er Vermögensansprüche im Wege der Verwaltungsklage geltend mache. Für Schadensersatzansprüche sagt *Menger* ausdrücklich: „Über diesen Anspruch entscheiden die Zivilgerichte nach den bestehenden Vorschriften" (Identität des Rechtsgrundes, S. 359).
[30] Identität des Rechtsgrundes, S. 350, Anm. 13.
[31] Identität des Rechtsgrundes, S. 354 ff.
[32] Identität des Rechtsgrundes, S. 359.
[33] Die in Identität des Rechtsgrundes auf S. 352 erwähnte Naturalrestitution wird S. 354 auf die „Aufhebung des erlassenen bzw. Vornahme des unterlassenen Verwaltungsakts" beschränkt. Anders liest diese Stelle das VG Frankfurt, DVBl. 60, 653.
[34] *Haas*, System der öffentlichrechtlichen Entschädigungen, S. 63.
[35] System der öffentlichrechtlichen Entschädigungen, S. 59.

der Verfassung" gehöre[36]. Anspruchsgrundlage des Wiedergutmachungsanspruchs, der „durch die Folgenbeseitigungsklage geltend zu machen"[37] ist, bildet Art. 19 IV GG[38] i. V. m. Art. 34, 20, 28 GG[39]. Die „monströse Konstruktion"[40] der Amtshaftung sei durch das Grundgesetz aufgehoben (Art. 123 I GG). „An ihre Stelle hat es die in einem Akt und vor einem Gericht zu erhebende Abwehr- und Folgenbeseitigungsklage aus Art. 19 IV GG gesetzt[41]."

Der von *Haas* behauptete Wiedergutmachungsanspruch ist ohne Wirkung auf die Lehre vom Folgenbeseitigungsanspruch geblieben. Die kritischen Stimmen weisen darauf hin, daß ein derart unbeschränkter Wiedergutmachungsanspruch nicht aus den von *Haas* genannten Bestimmungen des Grundegesetzes abgeleitet werden könne, insbesondere nicht aus Art. 19 IV GG[42].

3. Der doppelte Folgenbeseitigungsanspruch nach Schleeh

Neuerdings hat *Schleeeh*[43] versucht, „das bisherige Dilemma der Meinungen"[44] damit zu erklären, daß der bislang als einheitlich angesehene Folgenbeseitigungsanspruch in Wirklichkeit zwei völlig verschiedene Ansprüche umfasse.

Schleeh befürwortet eine starke Anlehnung an die „durchgebildete und ausgefeilte Dogmatik des zivilrechtlichen Wiedergutmachungsrechts"[45], in dem er die vorgegebenen Grundstrukturen des Deliktsrechts und allgemeine haftungsrechtliche Gedanken erkennt, an die grundsätzlich auch das Verwaltungsrecht gebunden bleibe[46]. Entsprechend dem zivilrechtlichen Deliktsrecht konstruiert *Schleeh* einen negatorischen und einen deliktischen Beseitigungsanspruch, die zusammen den Folgenbeseitigungsanspruch ausmachen.

---

[36] System der öffentlichrechtlichen Entschädigungen, S. 63.
[37] System der öffentlichrechtlichen Entschädigungen, S. 74, These VI.
[38] *Haas* behauptet, auch *Bachof* leite seinen Folgenbeseitigungsanspruch aus Art. 19 IV GG ab (System der öffentlichrechtlichen Entschädigungen, S. 64). Dies ist jedoch unrichtig. Vgl. oben II bei Anm. 21 ff.
[39] System der öffentlichrechtlichen Entschädigungen, S. 63 ff.
[40] System der öffentlichrechtlichen Entschädigungen, S. 57.
[41] System der öffentlichrechtlichen Entschädigungen, S. 66. Damit wird die Klippe beseitigt, an der *Menger* dogmatisch scheitert. Vgl. Anm. 24.
[42] *Scheuner*, DÖV 55, 545 (549) und 573; OVG Hamburg, DVBl. 58, 832; vgl. auch *Jaenicke*, VVDStRL 20, 135 (156).
[43] Zur Dogmatik der öffentlichrechtlichen Folgenbeseitigung.
[44] *Schleeh*, S. 68.
[45] *Schleeh*, S. 72.
[46] *Schleeh*, S. 73.

III. Der FBA im Rahmen weitergehender Ansprüche

Der negatorische Beseitigungsanspruch, der als „Minimalrechtsschutz" bei rechtswidrig-schuldlosen Beeinträchtigungen auf den actus contrarius gerichtet ist[47], wird in Übereinstimmung mit *Bettermann*[48] mit einem vom RG[49] formulierten „einfachen Gebot der Gerechtigkeit" begründet, nach welchem der nur widerrechtlich-schuldlos Handelnde wenigstens die noch fortdauernde Beeinträchtigung seines Eingriffs beseitigen müsse, wenn er schon von der Schadensersatzpflicht freigestellt werde. Dieses Gebot sei nicht weniger zwingend, wenn der Eingriff von einem Hoheitsträger herrühre[50]. Dies habe bereits im Institut der Anfechtungsklage Anerkennung gefunden. Die Anfechtungsklage gegen Verwaltungsakte sei das Hauptanwendungsgebiet des öffentlich-rechtlichen Folgenbeseitigungsanspruchs. Der Anspruch geht nur auf ein reales Handeln der Behörde, nicht auf Geldersatz, der keine Erfüllung des Anspruchs, sondern Schadensersatz wäre, der zusätzlich Verschulden voraussetze[51].

Aus der allgemeinen Struktur des Eingriffsrechts ergibt sich für *Schleeh* weiter zwingend die Forderung nach der Anerkennung eines deliktlichen Beseitigungsanspruchs als zweiten Teil der öffentlichrechtlichen Folgenbeseitigung[52]. Dieser Anspruch setzt Verschulden voraus und geht auf Naturalrestitution. Der Anspruch richtet sich einerseits gegen den Staat, dem das Beamtenunrecht als Staatsunrecht zuzurechnen sei, und den deshalb eine eigene Schadensersatzpflicht treffe. Dies sei eine notwendige Korrektur des Gesetzgebers, „denn sie allein garantiert die sachgerechte und umfassende Regelung der Haftungsfragen im öffentl.-rechtlichen Über- und Unterordnungsverhältnis des Staates und

---

[47] *Schleeh*, S. 94.
[48] Vgl. oben bei Anm. 7.
[49] RGZ 60, 6; 148, 114; 163, 210.
[50] *Schleeh*, S. 75 ff. Zur Kritik an dieser Begründung gegenüber *Bettermann* vgl. *Heidenhain*, Amtshaftung u. Entschädigung aus enteignungsgleichem Eingriff, S. 137, FN 10. Der BGH läßt es in BGHZ 34, 99 dahinstehen, „ob dem im Privatrecht entwickelten negativen Beseitigungsanspruch ein eigenständiger öffentl.rechtl. Folgcbeseitigungsanspruch entspricht."
[51] *Schleeh*, S. 79. Diese Begründung zeigt, daß *Schleeh* einfach zivilrechtliche Vorschriften ins Verwaltungsrecht überträgt, ohne darzutun, daß dies bei den grundsätzlich verschiedenen Gegebenheiten im zivilrechtlichen u. im verwaltungsrechtlichen Entschädigungsrecht (dazu *Bettermann*, DÖV 55, 528 (531 f.) gerechtfertigt ist. Er verlangt im Verwaltungsrecht lediglich, daß die Bestandskraft von Verwaltungsakten beachtet wird (S. 80). Selbst wenn man mit *Schleeh* rechtswidrig-schuldloses und rechtswidrig-schuldhaftes Handeln einerseits, Schadensersatz, Naturalrestitution u. negatorische Beseitigung andererseits zu den vorgegebenen Grundstrukturen des Deliktsrechts zählt, ist damit noch nicht gesagt, daß sie im Verwaltungsrecht notwendig in der gleichen Verknüpfung (z. B. Schadensersatz-Schuld) auftreten müßten wie im Zivilrecht.
[52] *Schleeh*, S. 82 ff.

seiner Beamten"[53]. Zum anderen richtet sich der deliktische Beseitigungsanspruch gegen den Beamten unmittelbar. Dazu zerteilt *Schleeh* mit einem kühnen Streich den gordischen Knoten des § 839 BGB „in einen auf Geldersatz und einen auf Naturalrestitution gerichteten Teilanspruch"[54]. Der letztere Teilanspruch wird entgegen Art. 34 III GG an die Verwaltungsgerichte verwiesen, weil sich die Zivilgerichte für unzuständig erklärten, die Verwaltung zur Naturalrestitution zu verurteilen. Daraus folgert *Schleeh* weiter: „Erweist sich demnach für diesen Teilanspruch die Rechtswegverweisung des Art. 34 III GG als wirkungslos, so ist auch die Anwendung des Art. 34 I GG nicht mehr länger gerechtfertigt, m. a. W.: Der vor den Zivilgerichten nicht einklagbare Anspruch auf Naturalrestitution darf nicht auf den Staat als Anspruchsgegner übergeleitet werden[55]."

Beide Ansprüche beschränken sich auf die Eingriffsverwaltung, da im Rahmen der Leistungsverwaltung eine Benachteiligung des Bürgers „nur seine rechtlich nicht geschützten Erwerbsaussichten berühren und allenfalls zu einem Vermögensschaden führen"[56] könne, zu dessen Ersatz die auf reales Handeln gerichtete Folgenbeseitigung nicht berufen sei. Dies ergebe sich einmal daraus, daß der negative Beseitigungsanspruch nur auf den actus contrarius gehe, und aus der Aufspaltung des § 839 BGB[57]. Dagegen soll eine Folgenbeseitigung nicht auf Eingriffe durch Verwaltungsakt beschränkt sein[58].

---

[53] *Schleeh*, S. 89. Diese Begründung trägt wohl kaum die Korrektur des Gesetzgebers, zumal dieser seine Entscheidung (dazu *Heidenhain*, Amtshaftung und Entschädigung aus enteignungsgleichem Eingriff, S. 36 ff.) auch als „sachgerecht" und „umfassend" gedacht hat.

[54] *Schleeh*, S. 90.

[55] *Schleeh*, S. 91. Diese Konstruktion scheitert nicht nur am klaren Wortlaut des Art. 34 GG, auch § 839 BGB läßt eine solche Aufsplitterung in Teilansprüche nicht zu. Zum Teil gibt § 839 BGB überhaupt nur einen einheitlichen Schadensersatzanspruch mit zwei Schutzmöglichkeiten (so im Fall des § 249, 1 u. 2 BGB, dazu *Esser*, Schuldrecht, S. 168 m. Nachweisen), in den anderen Fällen (§§ 250, 251 BGB) hängt die Frage Naturalrestitution oder Geldersatz von der rechtzeitigen Herstellung oder von der Art des konkreten Schadens ab. Von solchen Kriterien kann aber die Entscheidung über den Rechtsweg oder gar das Zuordnungsobjekt des Schadensersatzanspruchs ohne Preisgabe an Willkür und Zufall nicht abhängig gemacht werden. Auf die auch in der Praxis mißlichen Folgen weist *Schleeh* selbst hin (S. 97 f.).

[56] *Schleeh*, S. 95.

[57] *Schleeh* verkennt hier die Bedeutung der Leistungsverwaltung im sozialen Rechtsstaat (dazu etwa *Wolff*, Verwaltungsrecht I, S. 47 ff. m. Nachweisen). Er kann aber auch nicht begründen, warum die Schadensersatzpflicht des Staates aus ihm unmittelbar zugerechnetem „Staatsunrecht" (*Schleeh*, S. 89) auf „reales Handeln" beschränkt bleibt.

[58] Unklar bleiben die Ausführungen zum behördlichen Unterlassen, wenn *Schleeh* (S. 96) ausführt: „Ein Unterlassen verpflichtet die Behörde nur dann zur Folgenbeseitigung, wenn ihr aus eigenem vorangegangenen Tun eine Rechtspflicht zur Beseitigung der geschaffenen Beeinträchtigung erwächst." Verpflichtet nun das Tun oder das Unterlassen?

Insgesamt tragen die Erörterungen *Schleehs* nicht wesentlich zur Lösung des Problems Folgenbeseitigungsanspruch bei. Der negatorische Beseitigungsanspruch wird aus dem Zivilrecht übernommen ohne eine die verschiedene Struktur beider Rechtsgebiete berücksichtigende Begründung. Der deliktische Beseitigungsanspruch — de lege ferenda vielleicht wünschenswert — läßt sich mit dem geltenden Recht nicht vereinbaren. Geblendet von der zivilrechtlichen Dogmatik des Eingriffsrechts vernachlässigt *Schleeh* das für unsere Frage grundsätzliche Verhältnis von Bürger und hoheitlich handelndem Staat.

IV. Prozessuale Fragen

1. Der Rechtsweg

Der Folgenbeseitigungsanspruch ist ein öffentlichrechtlicher Anspruch. Er richtet sich gegen die öffentliche Hand und entspricht der Pflicht der Behörde, die unmittelbaren Folgen ihres Handelns zu beseitigen[1]. Zu seiner Geltendmachung ist daher nach allgemeiner Ansicht der Verwaltungsrechtsweg gegeben[2].

2. Die Klageart

Nicht ganz so einfach zu beantworten ist die Frage, mit welcher Klageart der Folgenbeseitigungsanspruch geltend zu machen ist. Die Verwaltungsgerichtsordnung wie die vorangegangenen Verwaltungsgerichtsgesetze der Länder unterscheiden zwischen den Klagen auf Vornahme eines Verwaltungsaktes (§ 42 VwGO: Verpflichtungsklage; §§ 22, 35 II südd. VGGe, §§ 24, 25 MRVO 165: Vornahmeklage) und den besonderen Lei-

---

[1] Gelegentlich wird gesagt, da der Folgenbeseitigungsanspruch auf Rückgängigmachung des vollzogenen Verwaltungsakts gehe, sei er „öffentlichrechtlich kraft Umkehrung" (OVG Lüneburg, OVGE 9, 340). Vgl. die Argumentation zur Rechtsnatur des Erstattungsanspruchs als Kehrseite des Anspruchs auf Leistung (z. B.: RGZ 105, 38 (40) und 130, 319 (328); BVerwG, DVBl. 57, 469).

[2] Ausdrücklich: *Bachof*, Vornahmeklage, S. 137; *Wiethaup*, DVBl. 53, 135; *Huber*, Wirtschaftsverwaltungsrecht, S. 623; *Kiefersauer - Glaser - Brumby*, Grundstücksmiete, Anm. 359 b); LG Darmstadt, NJW 52, 389; Württ.-Bad. VGH, VRspr. 9, 501; OVG Lüneburg, OVGE 9, 340 u. 8, 484; *Schlusnus*, Diss., S. 76; *Evers*, Privatsphäre u. Ämter für Verfassungsschutz, S. 281; *Theune*, BayVBl. 63, 103 (106). Anders wohl auch nicht BGH, DVBl. 56, 95, wo ausgeführt wird, welcher Rechtsweg für den Folgenbeseitigungsanspruch gegeben sei, hänge von der Art des geltend gemachten Anspruchs ab. Gemeint ist wohl, von der wahren Rechtsnatur des als Folgenbeseitigungsanspruch geltend gemachten Anspruchs. Vgl. die weitere Entscheidung des 3. Senats vom selben Tage, DÖV 56, 156, wo in Wirklichkeit ein „Anspruch aus Amtshaftung und Enteignung" geltend gemacht worden war.

stungsklagen³, mit denen von einer Behörde eine Leistung verlangt wird, die keinen Verwaltungsakt darstellt (§§ 43, II, 111, 113 IV u. a. VwGO; §§ 22, 85 ff. südd. VGGe; § 22 MRVO 165). Die Unterscheidung ist deshalb von Bedeutung, weil die beiden Klagearten in einigen Punkten verschieden behandelt werden. So muß insbesondere der Verpflichtungs- (Vornahme-) klage in der Regel ein Vorverfahren vorausgehen (§§ 68 ff. VwGO; §§ 44 ff. MRVO 165; anders die südd. VGGe). Auch in der Vollstreckung ergeben sich einige Unterschiede (§ 167 II VwGO; § 112 II südd. VGGe).

Nun ist die Frage lebhaft umstritten, ob die Klage auf Folgenbeseitigung auf die Vornahme eines Verwaltungsakts gerichtet ist oder nicht, und damit, welcher der beiden Klagearten der Folgenbeseitigungsanspruch zuzuordnen ist⁴.

a) Unter der MRVO 165

Unter der MRVO 165 bildeten sich zwei scharf kontrastierende Meinungen heraus. Die eine sprach sich für das Vorliegen einer Vornahmeklage (§ 24 MRVO 165) aus. Sie knüpfte an die zunächst allgemeine Vorstellung an⁵ und stand in der Rechtsprechung unter der Führung des OVG Münster⁶. Die Folgenbeseitigung sei ein Verwaltungsakt, meint das Gericht, denn sie sei „die Maßnahme einer Verwaltungsbehörde, die die Regelung eines Einzelfalles, nämlich die Wiederherstellung des früheren Zustandes, zum Gegenstand hat"⁷. Die Folgenbeseitigung geschehe „auf Grund einer besonderen Entschließung"⁸.

Die Gegenposition sieht in der Folgenbeseitigungsklage eine Leistungsklage, die unter die „anderen Streitigkeiten des öffentlichen Rechts" nach § 22 MRVO 165 fällt⁹. Mit der Folgenbeseitigungsklage

---

³ Die „besondere Leistungsklage" wird vielfach auch „allgemeine Leistungsklage" genannt. Im Anschluß an *Hegel* (DÖV 65, 413) wird hier „allgemeine Leistungsklage" als Oberbegriff für die auf einen Verwaltungsakt gerichtete Verpflichtungs- (Vornahme-) klage und die auf einen Nicht-Verwaltungsakt gerichtete „besondere Leistungsklage" verwandt.
⁴ Vgl. die eingehende Darstellung bei *Hegel*, Unterbringung, S. 90 ff.
⁵ OVG Hamburg, DVBl. 51, 472; OVG Lüneburg, NJW 51, 466.
⁶ ZMR 54, 315; DVBl. 54, 781; ZMR 57, 175; VRspr. 12, 112; ZMR 59, 347; ZMR 61, 374. Für das Berl. VGG: OVG Berlin, ZMR 55, 251. Dem haben sich ohne nähere Begründung angeschlossen: *Koellreutter*, Verwaltungsrecht, S. 141; *Forsthoff*, Verwaltungsrecht, 8. Aufl., S. 500; *Kiefersauer - Glaser - Brumby*, Grundstücksmiete, Anm. 334 g); *Drews - Wacke*, Allgemeines Polizeirecht, S. 261.
⁷ DVBl. 54, 781.
⁸ ZMR 61, 374.
⁹ LVG Gelsenkirchen, ZMR 54, 255 und ZMR 55, 185; OVG Lüneburg, OVGE 8, 484 u. DÖV 55, 89; LVG Schleswig, MDR 55, 569; LVG Düsseldorf, ZMR 57, 69; im Schrifttum: *Huber*, Wirtschaftsverwaltungsrecht, S. 623; *Ule*, DVBl. 59, 583; *Menger*, System des verwaltungsgerichtl. Rechtsschutzes, S. 193 u. Grundrechte III, 2, S. 761; *Groothold*, ZMR 55, 184.

IV. Prozessuale Fragen

werde „keine Regelung"[10] verlangt. Im Verhältnis zum Anspruchsberechtigten sei maßgeblich „allein und ausschließlich der Erfolg"[11]. Nach Wegfall der Verfügung sei die Rechtslage klar durch Gesetz und Rechtsprechung zum Folgenbeseitigungsanspruch geregelt. Die Behörde müsse „nur noch die praktische Arbeit leisten"[12]. Ohne Bedeutung sei es, wenn zur Durchführung der Folgenbeseitigung gegen einen Dritten ein Verwaltungsakt ergehen müsse[13].

Daneben gab es eine Mittelmeinung, die die Folgenbeseitigung nicht generell als Verwaltungsakt ansah, sondern darauf abstellte, ob die Behörde im konkreten Fall zur Folgenbeseitigung einen Verwaltungsakt vornehmen muß oder nicht[14]. Dabei wurde es zum Teil für gleich erachtet, ob der Verwaltungsakt gegen den Kläger oder einen Dritten ergeht[15]. Eine Variante dieser Mittelmeinung geht schließlich nicht mehr davon aus, ob ein Verwaltungsakt objektiv erforderlich ist, sondern ausschließlich vom Klagebegehren[16].

b) Unter den süddeutschen Verwaltungsgerichtsgesetzen

Ein ähnlicher Meinungsstreit wie im Bereich der MRVO 165 hat sich unter den südd. VGGen nicht entwickelt. *Bachof*[17] und *Hegel*[18] führen das auf die Fassung des § 35 II südd. VGGe zurück, der statt von der Vornahme eines Verwaltungsakts von der Vornahme einer Amtshandlung sprach. Der Begriff der Amtshandlung ist insofern weiter als der des Verwaltungsakts, als er auch diejenigen Amtshandlungen mit umfaßt, die zwar nicht selbst, aber deren Ablehnung einen Verwaltungsakt darstellt[19]. Da auf jeden Fall die Ablehnung der Folgenbeseitigung durch die Behörde als Verwaltungsakt anzusehen war, war die Vor-

---

[10] LVG Gelsenkirchen, ZMR 55, 185.
[11] OVG Lüneburg, DÖV 55, 89.
[12] LVG Düsseldorf, ZMR 57, 69.
[13] OVG Lüneburg, DÖV 55, 89; *Menger*, Grundrechte III, 2, S. 761: Der Kläger begehre den Erfolg, habe aber keinen Einfluß auf die von der Verwaltung angewandten Mittel.
[14] *Siehoff*, Diss., S. 129 ff.; *Loppuch*, NJW 53, 9; *Bachof*, MDR 55, 570; LVG Münster, MDR 56, 509; OVG Münster, ZMR 61, 376 (Anm. der Schriftleitung).
[15] LVG Münster, MDR 56, 509; *Bachof*, MDR 55, 570.
[16] *Loppuch*, NJW 55, 117, der etwa unterscheidet, ob der klagende Wohnungseigentümer nur Wiedereinsetzung in den Besitz (dann Leistungsklage), oder Ausquartierung des Eingewiesenen mit Verwaltungszwang (dann Vornahmeklage) erstrebt. OVG Hamburg, VRspr. 10, 225, das aber Verwaltungsakte gegen Dritte nicht berücksichtigt.
[17] MDR 55, 570.
[18] Unterbringung, S. 92.
[19] *Bachof*, MDR 55, 570, Vornahmeklage, S. 30 ff. und JZ 56, 342; *Siehoff*, Diss., S. 113.

nahmeklage im Sinne des § 35 II südd. VGGe stets die richtige Klageart.

Ob es tatsächlich der § 35 II südd. VGGe war, der hier eine Auseinandersetzung erübrigte, scheint zweifelhaft. Denn die herrschende Meinung verstand unter Amtshandlung in dieser Vorschrift einen Verwaltungsakt im allgemeinen engen Sinne[20], so daß für sie die Problematik die gleiche wie unter der MRVO 165 war[21].

Ein anderer Unterschied mag jedoch eine Rolle gespielt haben: Die unter der MRVO 165 wesentliche und stets betonte Differenz zwischen der Vornahmeklage und der besonderen Leistungsklage bestand in dem für die Vornahmeklage erforderlichen Vorverfahren. Die südd. VGGe verzichteten dagegen in § 38 III bzw. IV[22] auf eine solche Sachurteilsvoraussetzung[23] für die Vornahmeklage im Gegensatz zur Anfechtungsklage (§§ 38 I, 48 I südd. VGGe.) Folglich konnte auch die Einstufung der Folgenbeseitigungsklage als Vornahmeklage nicht zu einer Klagabweisung führen, wenn kein Vorverfahren stattgefunden hatte. Damit war das wesentliche praktische Interesse an der Unterscheidung zwischen Vornahmeklage und besonderer Leistungsklage entfallen.

c) Unter der Verwaltungsgerichtsordnung

Die Verwaltungsgerichtsordnung bringt in ihrem § 113 I 2, 3 als wesentliche Neuerung die Möglichkeit, den Folgenbeseitigungsanspruch im Rahmen der Anfechtungsklage geltend zu machen[24]. Auf Antrag des Klägers kann das Gericht im Anfechtungsurteil zugleich die Verpflichtung der Verwaltungsbehörde zur Folgenbeseitigung aussprechen. Voraussetzung ist, daß die Behörde zur Folgenbeseitigung in der Lage und die Frage spruchreif ist. Eine Klageänderung bedeutet die Stellung des Antrags nicht[25]. Aus prozeßökonomischen Rücksichten wird hier die Regel durchbrochen, daß der Folgenbeseitigungsanspruch erst mit Aufhebung des Verwaltungsakts, d. h. mit Rechtskraft des Anfechtungs-

---

[20] BVerwG, JZ 56, 341. Weitere Nachweise bei *Hegel*, JZ 63, 15; *Schunck - De Clerck*, Anm. 3 b aa) zu 113 VwGO.

[21] Nach *Schlusnus*, Diss., S. 76, ist eine Unterlassungsklage zu erheben, wenn die Behörde nicht zu einem Verwaltungsakt verpflichtet werden soll.

[22] In Bayern war allerdings eine Anrufung der Aufsichtsbehörde erforderlich (Art. 6 II AusfVO 85 i. V. m. § 48 IV VGG). Vgl. auch Bay.VGH, ZMR 59, 187.

[23] *Ule*, Verwaltungsprozeßrecht, S. 80 ff.

[24] VG Hannover, DVBl. 62, 454; OVG Lüneburg, DÖV 62, 467; VG Düsseldorf, ZMR 61, 344, das darin die Bestätigung dafür sieht, daß die Folgenbeseitigungsklage als Leistungsklage geltend zu machen ist, da im Falle des § 113 I 2 VwGO auch kein Vorverfahren stattfindet.

[25] So BVerwG, MDR 66, 260 m. Nachweisen.

IV. Prozessuale Fragen

urteils geltend gemacht werden kann[26]. Der Sache nach soll es sich bei dem Antrag nach § 113 I 2, 3 VwGG um eine Verpflichtungsklage handeln[27]. Dagegen eröffne § 113 III VwGO die Möglichkeit, neben der Aufhebung eines Verwaltungsakts die Behörde zu einer Leistung zu verurteilen. Über sein Verhältnis zu Abs. 1, Satz 2 u. 3 herrscht allerdings Uneinigkeit. Die überwiegende Meinung geht dahin, daß § 113 III VwGO zur Anwendung kommt, wenn sich die Folgenbeseitigung als Leistung darstellt[28].

Damit muß die unter der MRVO 165 erörterte Streitfrage auch hier entschieden werden. Dasselbe gilt, wenn der Folgenbeseitigungsanspruch nicht zusammen mit der Anfechtungsklage geltend gemacht wird (wenn der Verwaltungsakt also bereits weggefallen ist). Hier stehen wiederum Verpflichtungsklage mit Vorverfahren (§§ 42 I, 68 II VwGO) und besondere Leistungsklage ohne Vorverfahren[29] zur Wahl.

Nach einer vor allem in der Literatur vertretenen Meinung kann allerdings mit der Verpflichtungsklage der Verwaltungsgerichtsordnung nicht nur der Erlaß eines Verwaltungsakts, sondern auch die Vornahme einer Amtshandlung verlangt werden. Während *Bettermann*[30] den Wortlaut des § 42 VwGO bezüglich der Verpflichtungsklage von § 113 VwGO her korrigieren will, gehen *Eyermann-Fröhler*[31] von einem wei-

---

[26] *Ule*, Verwaltungsgerichtsbarkeit, Anm. I 1 zu § 113 VwGO; Amtliche Begründung zu § 114 des Regierungsentwurfs, Verhandlungen d. Deutschen Bundestages, 3. Wahlperiode, Drucksache 55, S. 43; *Hegel*, Unterbringung, S. 103.

[27] So die amtliche Begründung zu § 114 des Regierungsentwurfs, Verhandlungen d. Deutschen Bundestages, 3. Wahlperiode, Drucksache 55, S. 43; *Hegel*, Unterbringung, S. 103, der allerdings die Inkonsequenz begeht, die Folgenbeseitigungsklage einerseits generell als Leistungsklage zu betrachten, andererseits § 113 I 2, 3 VwGO dann für den Folgenbeseitigungsanspruch anzuwenden, „wenn ein Verpflichtungsurteil ersetzt wird". A. A. offenbar *Schunck - De Clerck*, Anm. 2e zu § 113 VwGO; *Eyermann - Fröhler*, Rdn. 57 zu § 80 VwGO, die in § 113 I 2, 3 VwGO eine Leistungsklage verborgen sehen; ebenso *Redeker - v. Oertzen*, Anm. 5 zu § 113 VwGO, die aber gleichzeitig die Verurteilung zu einem Verwaltungsakt für möglich halten.

[28] Amtliche Begründung zu § 114 des Regierungsentwurfs, Verhandlungen d. Deutschen Bundestages, 3. Wahlperiode, Drucksache 55, S. 43: Abs. 3 ist ein Unterfall des Abs. 1 Satz 2. *Schunck - De Clerck*, Anm. 2e zu § 113 VwGO: Abs. 3 verallgemeinert den Abs. 1 Satz 2, der offenbar ausschließlich für den Folgenbeseitigungsanspruch gelten soll. So auch *Götz*, ZBR 61, 135 (137); *Ule*, Verwaltungsgerichtsbarkeit, Anm. III zu § 113 VwGO. Ähnlich *Eyermann - Fröhler*, Rdn. 57 zu § 80 VwGO. Dagegen ist nach *Koehler*, Anm. C II 3 zu § 113 VwGO, Abs. 3 anzuwenden, wenn die Folgenbeseitigung keinen Verwaltungsakt, sondern eine Leistung darstellt. Ebenso *Hegel*, Unterbringung, S. 103; *Klinger*, Anm. F zu § 80 VwGO.

[29] Eine Ausnahme gilt für die Klagen der Beamten aus dem Beamtenverhältnis, § 126 III BRRG. Darauf weist zu Recht *Wolff*, Verwaltungsrecht I, S. 330 hin.

[30] NJW 60, 649. Zustimmend u. a. *Martens*, JuS 62, 245 (252).

[31] Rdn. 14 ff. zu § 42 VwGO. Dagegen *Rupp*, Grundfragen der heutigen Verwaltungsrechtslehre, S. 251 f.

ten Begriff des Verwaltungsakts aus. Von diesem Standpunkt aus wäre die Folgenbeseitigungsklage dann stets Verpflichtungsklage[32]. Die herrschende Meinung hält aber daran fest, daß mit der Verpflichtungsklage nur der Erlaß eines Verwaltungsakts (im engen Sinne) angestrebt werden könne[33].

Während *Hegel*[34] für die Geltendmachung des Folgenbeseitigungsanspruchs generell die besondere Leistungsklage vorsieht, wird überwiegend die Mischtheorie vertreten, nach der es darauf ankommt, ob zur Folgenbeseitigung ein Verwaltungsakt erforderlich ist[35], bzw. ob der Kläger in seinem Klagantrag einen Verwaltungsakt verlangt[36]. Ob die Verpflichtungsklage nur dann in Frage kommt, wenn der Verwaltungsakt gegenüber dem Kläger ergeht[37], oder auch dann, wenn er sich an einen Dritten richtet[38], ist umstritten.

3. Das Rechtsschutzinteresse

Das Rechtsschutzinteresse für eine Folgenbeseitigungsklage, das wie bei allen anderen verwaltungsgerichtlichen Klagen gegeben sein muß[39], ist immer wieder Gegenstand der Diskussion gewesen. Insbesondere wurde gefragt, ob ein Rechtsschutzinteresse des Folgenbeseitigungsklägers auch dann gegeben sei, wenn für ihn gleichzeitig die Möglichkeit besteht, mit einer zivilrechtlichen Klage gegen einen Dritten oder durch die Vollstreckung eines schon erwirkten zivilrechtlichen Titels den angestrebten Erfolg der Folgenbeseitigung zu erreichen.

---

[32] Vgl. bei Anm. 19. *Eyermann - Fröhler*, Rdn. 18 zu § 42 VwGO.

[33] OVG Münster, DÖV 60, 469; *Rupp*, AöR 85, 149/301 (305 f.); *Schäfer*, DVBl. 60, 837; *Schunck - De - Clerck*, Anm. 3 b aa) zu § 113 VwGO; *Hegel*, Unterbringung, S. 94 ff. und JZ 63, 15 ff. mit eingehender Darstellung des Streitstandes und Nachweisen. Allerdings zitiert *Hegel* zu Unrecht *Bachof*, JZ 62, 707 (= VerfR I, S. 240) auf seiten der Gegenmeinung. *Bachof* spricht sich an der angegebenen Stelle gerade für „eine Wiedereinengung jenes ungebührlich ausgeweiteten und damit konturlos gewordenen Begriffs" des Verwaltungsakts aus. Vgl. weiter *Hegel*, DÖV 65, 413; *Renck*, JuS 65, 129.

[34] Unterbringung, S. 98 ff. Ebenso *Redeker - v. Oertzen*, Anm. 98 zu § 42 VwGO. Vgl. auch VG Düsseldorf, ZMR 61, 344; *Klein*, JuS 62, 273 (277).

[35] *Ule*, Verwaltungsgerichtsbarkeit, Vorbemerkung zu § 42 VwGO u. Verwaltungsprozeßrecht, S. 94; *Koehler*, Anm. B III 1 e zu § 42 VwGO; *Obermayer*, JuS 63, 110 (115); *Wolff*, Verwaltungsrecht I, S. 330; wohl auch *Stern*, JuS 65, 270 (357); *Schleeh*, S. 96; *Evers*, Privatsphäre u. Ämter für Verfassungsschutz, S. 282.

[36] *Klinger*. Anm. F 3 zu § 80 VwGO; *Wolff*, Verwaltungsrecht III, S. 397.

[37] So *Ule*, Verwaltungsgerichtsbarkeit, Vorbemerkung zu § 42 VwGO u. Verwaltungsprozeßrecht, S. 94; VG Neustadt, NJW 65, 833.

[38] *Eyermann - Fröhler*, Rdn. 21 zu § 42 VwGO.

[39] Vgl. statt aller: *Ule*, Verwaltungsprozeßrecht, S. 108 ff.

IV. Prozessuale Fragen

Die Frage spielt insbesondere bei Zwangseinweisungen eine Rolle. Hier kann der Betroffene nach Aufhebung oder Rücknahme der einweisenden Verfügung gegen den Eingewiesenen einen Räumungsprozeß anstrengen. Auf diese Möglichkeit darf ihn die zur Folgenbeseitigung verpflichtete Behörde aber nicht verweisen[40], noch wird durch sie sein Rechtsschutzbedürfnis an der Folgenbeseitigungsklage ausgeschlossen[41], „da ihm weitere Risiken und Aufwendungen zur Beseitigung der Folgen nicht zugemutet werden können"[42].

Ähnlich ist das Problem, wenn der Betroffene gegen den Dritten (Eingewiesenen) bereits einen vollstreckbaren Titel in der Hand hat, durch dessen Vollstreckung der Beseitigungserfolg eintreten würde[43, 44]. Hier könnte der Satz eingreifen, daß es an einem Rechtsschutzbedürfnis fehlt, wenn der Kläger das mit der Klage verfolgte Ziel einfacher und billiger, insbesondere ohne Inanspruchnahme der Gerichte erreichen kann[45]. So hat denn auch *Loppuch*[46] für unseren Fall ein Rechtsschutzbedürfnis verneint, weil für den Kläger „ein neuer Vollstreckungsauftrag genügt, um zum Ziel zu gelangen". Dagegen wird nach der in der Rechtsprechung vertretenen Ansicht das Rechtsschutzinteresse nicht ausgeschlossen[47]. Dies wird damit begründet, daß der Kläger bei der zivilgerichtlichen Vollstreckung in der Regel einen Kostenvorschuß zu leisten habe und dann das Regreßrisiko trage, während bei der behördlichen Folgenbeseitigung allein die Behörde die Kosten zu tragen habe.

Schließlich war die Frage nach dem Rechtsschutzbedürfnis des Folgenbeseitigungsklägers dann streitig, wenn die Behörde ihre Folgenbeseitigungspflicht anerkannt hatte. Da vor Einführung der Verwaltungsgerichtsordnung ein Urteil, das die Behörde zur Folgenbeseitigung verpflichtete, nicht vollstreckbar war, konnte der Kläger unmittelbar nicht mehr erreichen, als ihm das Anerkenntnis schon bot[48]. Mit dieser Begründung hat vor allem *Loppuch* ein Rechtsschutzbedürfnis ver-

---

[40] VG Darmstadt, NJW 53, 1608; KG Berlin, ZMR 54, 299.
[41] LVG Braunschweig, NJW 52, 240; *Eyermann - Fröhler*, Rdn. 22 zu § 42 VwGO.
[42] VG Darmstadt, NJW 53, 1608.
[43] Diese Situation entsteht zum Beispiel, wenn ein Räumungsschuldner bei drohender Zwangsräumung in dieselben Räume wiedereingewiesen wird.
[44] Dieser Fall wurde auch materiellrechtlich geprüft. Vgl. oben II bei und in Anm. 123.
[45] Statt aller: *Schönke - Schröder - Niese*, Zivilprozeßrecht, S. 196.
[46] NJW 55, 117.
[47] OVG Lüneburg, DVBl. 54, 686, DÖV 55, 89 u. ZMR 56, 249; OVG Münster, ZMR 57, 175; VGH Bad.-Württ. VRspr., 12, 1001; VG Neustadt, NJW 65, 833; *Hegel*, Unterbringung, S. 142 ff. Einschränkend: OVG Münster, ZMR 61, 374, das bei Schwierigkeiten der zivilgerichtlichen Vollstreckung das Rechtsschutzbedürfnis bejahen will.
[48] Vgl. LVG Gelsenkirchen, ZMR 55, 253.

neint[49]. *Bachof*[50] hat angenommen, das Rechtsschutzinteresse könne unter sehr engen Voraussetzungen entfallen. Neben der Anerkennung des Anspruchs durch die Behörde, die sich auch auf den Zeitpunkt der Folgenbeseitigung erstrecken müsse, sei es erforderlich, daß die Bereitschaft zur tatsächlichen Verwirklichung außer Zweifel sei. Hingegen wird das Rechtsschutzbedürfnis bejaht, wenn lediglich eine Weisung der übergeordneten Behörde vorliegt, die Folgenbeseitigung vorzunehmen[51].

Die Frage ist heute durch § 172 VwGO geregelt. Nach dieser Vorschrift kann auch ein Folgenbeseitigungsurteil gegen die Behörde vollstreckt werden, das diese zum Erlaß eines Verwaltungsakts oder zur Vornahme einer sonstigen Amtshandlung verurteilt[52].

4. Die Revisibilität des Folgenbeseitigungsanspruchs

Das Bundesverwaltungsgericht hat sich mehrfach mit der Frage befaßt, ob der Folgenbeseitigungsanspruch revisibel sei. Es ist dabei in ständiger Rechtsprechung[53] davon ausgegangen, daß der Folgenbeseitigungsanspruch zu den allgemeinen Grundsätzen des Verwaltungsrechts gehöre und deshalb nach dem in BVerwGE 2, 22 aufgestellten Prinzip zu beurteilen sei. Danach „folgen allgemeine Grundsätze des Verwaltungsrechts dem Recht, das sie ergänzen"[54]. Es kommt somit darauf an, ob der Folgenbeseitigungsanspruch Bundesrecht oder Landesrecht „ergänzt". Nur im ersten Fall ist er revisibel. So hat das Bundesverwaltungsgericht angenommen, der Folgenbeseitigungsanspruch sei revisibel, wenn er im Rahmen des Gesetzes zu Art. 131 GG zu erörtern sei[55], aber nicht revisibel im Zusammenhang mit dem Reichsleistungsgesetz, wenn dieses als Landesrecht weitergelte[56]. Inzwischen zeichnet sich insoweit eine Änderung ab, als die allgemeinen Grundsätze des Verwaltungsrechts immer mehr als Konkretisierungen verfassungsrechtlicher Normen verstanden werden, die dann revisibel sind[57]. Das gilt dann auch für den aus dem Gesetzmäßigkeitsgrundsatz abgeleiteten Folgenbeseitigungsanspruch.

---

[49] NJW 59, 9 und NJW 55, 117. So schon OVG Hamburg, MDR 49, 506.
[50] MDR 55, 570.
[51] *Loppuch*, NJW 55, 117; OVG Lüneburg, ZMR 56, 249.
[52] Vgl. *Ule*, Verwaltungsprozeßrecht, S. 220. *Forsthoff*, Verwaltungsrecht, 8. Aufl., S. 511, verweist für die Vollstreckung eines Folgenbeseitigungsurteils auf die §§ 170, 171 VwGO.
[53] BVerwG, DVBl. 59, 580; Bay VBl. 60, 88 und DVBl. 60, 854.
[54] BVerwG, DVBl. 59, 580. Kritisch zu diesem Grundsatz *Bachof*, VerfR I, S. 47.
[55] BVerwG, BayVBl. 60, 88.
[56] BVerwG, DVBl. 59, 580.
[57] Vgl. *Bachof*, JZ 66, 11 (351).

Teil B

Der Folgenbeseitigungsanspruch als Reaktionsanspruch auf eine Statusverletzung

I. Einleitung

Die Frage nach dem Folgenbeseitigungsanspruch läßt sich nicht unmittelbar aus dem Gesetz beantworten. Die in Frage kommenden Vorschriften sind zwar zum Teil im Blick auf den Folgenbeseitigungsanspruch gesetzt, beschränken sich aber dann auf die prozessuale Seite[1], zum anderen Teil geben sie zwar möglicherweise einen materiellen Folgenbeseitigungsanspruch[2], finden sich aber in Spezialgesetzen und lassen Schlüsse auf einen allgemeinen Folgenbeseitigungsanspruch nicht zu.

Rechtsprechung und Schrifttum haben deshalb versucht, den Folgenbeseitigungsanspruch aus Verfassungsvorschriften oder allgemeinen Rechtsgedanken abzuleiten. Die teils widersprüchlichen Ergebnisse dieser Versuche sind im ersten Teil der Arbeit dargestellt worden. Möglicherweise kommt dem Folgenbeseitigungsanspruch eine gewohnheitsrechtliche Geltung zu, oder er ist als Produkt richterlicher Rechtsbildung zu betrachten.

In der Folge soll versucht werden, eine eigene Lösung zu finden. Das Problem muß dabei unabhängig von fremden Ergebnissen entwickelt werden. Diese können dabei auch nicht nochmals in vollem Umfang beschrieben werden. Dazu sei generell auf den ersten Teil der Untersuchung verwiesen. Es wird jedoch an den entsprechenden Stellen auf die Übereinstimmung oder auf den Widerspruch zu anderen Meinungen hinzuweisen sei, so daß das Verhältnis zur bisherigen Entwicklung des Folgenbeseitigungsanspruchs sichtbar bleiben wird.

---

[1] So die Vorschriften der Prozeßordnungen.
[2] So Art. 39 BayVwZVG.

II. Das Wesen des Folgenbeseitigungsanspruchs

Den Ausgangspunkt der Untersuchung muß ihr Gegenstand, der Folgenbeseitigungsanspruch, bilden. Nun stellt sich dieser allerdings in allen Einzelheiten erst als Ergebnis unserer Überlegungen dar, doch lassen sich schon zu Beginn einige allgemeine Kennzeichen herausarbeiten. Dabei handelt es sich nicht um vorweggenommene Ergebnisse, sondern um vorgegebene Charakteristika, die abgesehen von der erarbeiteten Ausgestaltung im einzelnen den Folgenbeseitigungsanspruch zum Folgenbeseitigungsanspruch machen. Sie sind nicht Gegenstand der Untersuchung, sondern Teil der „Aufgabenstellung". Diese allgemeinen Wesensmerkmale des Folgenbeseitigungsanspruchs bilden sozusagen ein Suchbild. Es wird dann die Aufgabe der Untersuchung sein zu klären, ob sich der solchermaßen umschriebene Anspruch rechtlich begründen läßt, also gilt und damit als Recht existiert. Wenn dies der Fall ist, muß dann die Ausgestaltung des Folgenbeseitigungsanspruchs im einzelnen aus dieser rechtlichen Begründung entwickelt werden.

In diesem Sinne kommen dem Folgenbeseitigungsanspruch folgende Merkmale zu:

a) Der Folgenbeseitigungsanspruch ist ein öffentlich-rechtlicher Anspruch gegen den Staat oder den sonstigen Hoheitsträger.

b) Der Folgenbeseitigungsanspruch richtet sich unmittelbar gegen den Staat. Damit unterscheidet er sich grundlegend vom sog. Amtshaftungsanspruch, bei dem unmittelbar der einzelne Beamte haftet und diese Haftung auf den Staat übertragen wird. Dies hat zur Konsequenz, daß der Staat nur das leisten muß, was auch der einzelne Beamte als Privatmann hätte leisten können, d. h. die Verurteilung zur Vornahme einer Amtshandlung ist ausgeschlossen.

c) Der Anspruch geht auf Beseitigung von tatsächlichen Belastungen. Daß der Folgenbeseitigungsanspruch nur auf die Beseitigung von Belastungen (Beeinträchtigungen) geht, ist allerdings nicht ohne weiteres vorgegeben. So wäre es denkbar, den Folgenbeseitigungsanspruch als Schadensersatzanspruch zu konzipieren. Und in der Tat ist ja *Bachof* in gewisser Weise diesen Weg gegangen[1]. Rechtsprechung und Schrifttum sind dem aber letzten Endes nicht gefolgt, sondern haben den Folgenbeseitigungsanspruch auf die Beseitigung der unmittelbar beeinträchtigenden Folgen beschränkt. Dies ist seit langem die nahezu einhellige Meinung[2], gegen die anzugehen fruchtlos wäre. In diesem Sinne muß der Folgenbeseitigungsanspruch auch

---

[1] Vgl. oben A II 2.
[2] Vgl. oben A II bei Anm. 125.

in diesem Punkt als vorbestimmt angesehen werden. Das entspricht einem recht verstandenen stare decisis, da beim Folgenbeseitigungsanspruch stets die tatsächliche Beseitigung im Vordergrund gestanden hat[3] und für einen Ausgleich weiterer Schäden die Institute der Amtshaftung und des enteignungsgleichen Eingriffs zur Verfügung stehen.

d) Der Anspruch richtet sich gegen Beeinträchtigungen durch Akte eines Trägers hoheitlicher Gewalt.

e) Die Beeinträchtigung muß den Betroffenen zu Unrecht treffen, d. h. rechtswidrig sein. Andernfalls kann dem Betroffenen ein Folgenbeseitigungsanspruch nicht zustehen, da er eine ihn zu Recht treffende Belastung nicht abwehren kann.

Noch einmal zusammengefaßt, handelt es sich also beim Folgenbeseitigungsanspruch um einen unmittelbar gegen den Staat gerichteten öffentlichen Anspruch auf Beseitigung tatsächlicher Beeinträchtigungen, die den einzelnen auf Grund hoheitlicher Maßnahmen zu Unrecht treffen. Hiervon werden wir für die weitere Untersuchung auszugehen haben.

III. Rechtliche Einordnung des Folgenbeseitigungsanspruchs

Wie wir bereits sahen, unterscheidet sich der Folgenbeseitigungsanspruch vom sog. Amtshaftungsanspruch dadurch, daß er sich unmittelbar gegen den Staat richtet. Abgesehen von anderen Unterschieden (Amtshaftung setzt Verschulden voraus und geht auf Schadensersatz) liegt hierin eine fundamentale Strukturverschiedenheit, der im letzten die Frage zugrunde liegt, wem das rechtswidrige Handeln eines Staatsorganes zugerechnet wird, dem Staate oder dem handelnden Beamten als Privatperson[1].

Wir kennen aber auch Fälle, wo sich Ersatzansprüche direkt gegen den Staat richten. So die Ansprüche auf Enteignungs- und Aufopferungsentschädigung. Aber auch sie zeigen sich als wesentlich vom Folgenbeseitigungsanspruch verschieden, da sie von einer rechtmäßigen Belastung ausgehen, die nicht beseitigt werden soll, sondern zugunsten eines vorrangigen Interesses herbeigeführt wird, und für deren Hin-

---

[3] So schon *Bachof*, Vornahmeklage, S. 120: Beim Folgenbeseitigungsanspruch gehe es letztlich um den Schutz der Freiheit des einzelnen, „weshalb im Vordergrund weniger der Gedanke eines vermögensrechtlichen Ausgleichs als vielmehr einer unmittelbaren Abwehr und Beseitigung der Beeinträchtigung der Freiheit steht".
[1] Dazu *Heidenhain*, Amtshaftung u. Entschädigung aus enteignungsgleichem Eingriff, S. 15 ff.

nahme der einzelne eine „angemessene Entschädigung" (Art. 153 WRV) erhält. Auch für den von der Rechtsprechung entwickelten Anspruch auf Entschädigung wegen „enteignungsgleichen Eingriffs" gilt hinsichtlich der Rechtsfolge dasselbe: Er führt nicht zu einer Restitution, sondern nur zu einer Kompensation.

Läßt sich so der Folgenbeseitigungsanspruch keiner der anderen Formen staatlicher Ersatzleistungen gleichstellen, so führt uns doch seine prozessuale Regelung in § 113 VwGO zu einer möglicherweise bedeutsamen Parallele. § 113 I 2, 3 VwGO eröffnet dem Kläger die Möglichkeit, im Anfechtungsverfahren gegen den rechtswidrigen Verwaltungsakt seinen Folgenbeseitigungsanspruch gegen die durch diesen Verwaltungsakt entstandenen Beeinträchtigungen geltend zu machen, und dem Gericht die Möglichkeit, neben der Aufhebung des Verwaltungsakts die Verpflichtung der Behörde auszusprechen, „die Vollziehung rückgängig zu machen". Diese Gleichstellung hat nicht nur den Sinn, die Geltendmachung des Folgenbeseitigungsanspruchs vor Rechtskraft des Anfechtungsurteils zu ermöglichen, ihr liegt auch eine wesentliche Gleichheit beider Institutionen zugrunde: Geht der Folgenbeseitigungsanspruch auf die Beseitigung von tatsächlichen Beeeinträchtigungen, die den Kläger zu Unrecht treffen, so geht die Anfechtungsklage auf die Beseitigung des rechtswidrigen Verwaltungsakts, d. h. auf die Beseitigung von rechtlichen Beeinträchtigungen, die den Kläger in seinen Rechten verletzen und zu Unrecht treffen[2]. Folgenbeseitigungsanspruch und Anfechtungsklage ergänzen sich also in der Abwehr rechtswidriger (tatsächlicher und rechtlicher) Beeinträchtigungen des einzelnen durch die öffentliche Gewalt.

Diese gegenseitige Ergänzung, dieses Zusammenspiel von Folgenbeseitigungsanspruch und Anfechtungsklage, kommt gelegentlich im Schrifttum — mehr oder weniger bewußt — zum Ausdruck[3].

Auch entspricht es diesem Gedanken, wenn zur Begründung des Folgenbeseitigungsanspruchs argumentiert wird, mit der Aufhebung des rechtswidrigen Verwaltungsakts allein sei dem Betroffenen nicht gedient, solange die tatsächlichen Folgen dieses Aktes fortbestehen[4].

---

[2] Über die doppelte Rechtswidrigkeit in der Formulierung des § 113 I 1 VwGO vgl. *Rupp*, AöR 88, 479 (486 ff.).
[3] Zum Beispiel: *Schlochauer*, Öffentliches Recht, S. 228: „Der Folgenbeseitigungsanspruch tritt nach dem Grundsatz der Gesetzmäßigkeit der Verwaltung dem im Wege der Anfechtungsklage durchzusetzenden Begehren auf Aufhebung des rechtswidrigen Verwaltungsakts zur Seite". *Götz*, ZBR 61, 135 ff.: „Der Folgenbeseitigungsanspruch steht nach Sinn, Zweck u. Entstehungsgeschichte neben dem Recht auf Aufhebung des Verwaltungsakts selbst". *Götz* sieht allerdings den Folgenbeseiitgungsanspruch als „rein prozessuales Recht", als „Annex des Anfechtungsklagerechts".
[4] Vgl. oben A II bei und in Anm. 94.

Der Vergleich zwischen Folgenbeseitigungsanspruch und Anfechtungsklage ist jedoch insofern unbefriedigend, als es sich beim Folgenbeseitigungsanspruch um ein materielles Recht, bei der Anfechtungsklage um eine prozessuale Klageform handelt. Korrekterweise wäre der Anfechtungsklage der Antrag nach § 113 I 2 VwGO (bzw. eine Leistungs- oder Verpflichtungsklage) gegenüberzustellen, oder umgekehrt dem Folgenbeseitigungsanspruch, um den es hier geht, der materielle Anspruch, der mit der Anfechtungsklage durchgesetzt wird.

IV. Der Aufhebungsanspruch[1]

Nach § 42 I VwGO kann mit der Anfechtungsklage die Aufhebung eines Verwaltungsakts begehrt werden. Die Klage ist zulässig, wenn der Kläger geltend macht, durch den Verwaltungsakt in seinen Rechten verletzt zu sein (§ 42 II VwGO). Sie ist begründet, wie sich aus § 113 I 1 VwGO ergibt, wenn der Verwaltungsakt rechtswidrig und der Kläger dadurch in seinen Rechten verletzt ist, und führt dann zur Aufhebung des Verwaltungsakts.

Die Frage nach dem „Ob" und „Wie" eines subjektiven öffentlichen Rechtes, eines materiellen Anspruchs, der vom Betroffenen mit der Anfechtungsklage durchgesetzt wird, ist auffällig selten und spät gestellt worden. Dies mag unter anderem damit zusammenhängen, daß die Verwaltungsgerichtsbarkeit in ihrer ursprünglichen, insbesondere auf *Rudolf von Gneist*[2] zurückgehenden Konzeption allein der Rechtskontrolle der Verwaltung zu dienen bestimmt war, nicht dem Schutz des einzelnen gegen rechtswidrige Maßnahmen[3]. Das Sich-zur-Wehr-Setzen des einzelnen ist dabei nur Mittel zum Zweck „Aufrechterhaltung der objektiven Rechtsordnung"[4]. Von dieser Auffassung her kann die genannte Frage überhaupt nicht gestellt werden, denn wollte man sie

---

[1] Wir gehen von der Anfechtungsklage aus, da die Bezüge hier am einfachsten sind. Im Grunde gilt jedoch für die Verpflichtungsklage genau dasselbe, wie § 42 II VwGO für die Verletzung der Rechte zeigt (vgl. auch § 113 IV VwGO). Naturgemäß hat man sich bei der Verpflichtungs- (Vornahme-) klage früher als bei der Anfechtungsklage mit dem zugrunde liegenden Anspruch beschäftigt. Vgl. *Bachof*, Vornahmeklage, S. 39 (49).

[2] Vgl. zum Beispiel: Der Rechtsstaat, insbesondere S. 270 ff. Dazu *Rupp*, AöR 88, 479 (481).

[3] So aber zuletzt noch *Niese*, JZ 52, 353 (355) und *Meiss*, Die gesetzliche Abgrenzung der Kompetenz der Zivil- und Verwaltungsgerichtsbarkeit, S. 5, 27 ff. Dazu *Ule*, Verwaltungsprozeßrecht, S. 3 f.

[4] *Ule*, Verwaltungsprozeßrecht, S. 104. Der Gedanke klingt wieder an bei *Haas*, System der öffentlichrechtlichen Entschädigungen, S. 61: „Zeigt der Betroffene kein Interesse an der Rechtswidrigkeit um der Rechtsordnung willen, so versagt die Rechtsordnung ihm ihren Schutz für seine privaten Interessen."

positiv beantworten, so müßte damit doch der Rechtsschutz des einzelnen Funktion der Verwaltungsgerichtsbarkeit sein. So bietet die Gneistsche Anschauung dem Bürger notwendig eine Klagemöglichkeit, eine „formelle Parteirolle"[5] ohne zugrunde liegenden Anspruch[6, 7].

Die heute überwiegende Meinung hat sich jedoch von der Gneistschen Konzeption frei gemacht. Sie sieht in der Verwaltungsgerichtsbarkeit „eine Einrichtung zum Schutz des einzelnen gegen rechtswidrige Maßnahmen der Verwaltung"[8, 9].

Schon Art. 107 WRV[10] sah in Reich und Ländern „Verwaltungsgerichte zum Schutze der einzelnen gegen Anordnungen und Verfügungen der Verwaltungsbehörden" vor. Unter der Garantie des Art. 19 IV GG und nach der Gleichstellung der Verwaltungsgerichte mit allen anderen Zweigen der Gerichtsbarkeit (Art. 92, 96 GG) kann kein Zweifel mehr bestehen, daß die Verwaltungsgerichtsbarkeit „Mittel individuellen Rechtsschutzes gegen Übergriffe der Verwal-

---

[5] *Gneist*, Der Rechtsstaat, S. 271.

[6] Dies verkennt *Pfeifer*, DVBl. 63, 653, wenn er sagt: „Ohne materielles Recht gibt es keine Klage, denn diese ist immer nur prozessualer Schutz materieller Rechte und niemals Selbstzweck."

[7] Eine Klagemöglichkeit, die nicht einmal im Interesse des einzelnen besteht, wie etwa die zivilrechtliche vorbeugende Unterlassungsklage, der nach verbreiteter Ansicht ebenfalls ein materieller Anspruch nicht zugrunde liegt. Vgl. *Esser*, Schuldrecht, S. 931 f.

[8] *Ule*, Verwaltungsprozeßrecht, S. 104, eingehend S. 4 f. und DVBl. 54, 137 ff.; *Bettermann*, DVBl. 53, 163/202 ff.; *Pfeifer*, DVBl. 63, 653; *Naumann*, Vom vorbeugenden Rechtsschutz im Verwaltungsprozeß, S. 393 und Die gesetzliche Abgrenzung d. Kompetenz der Zivil- u. Verwaltungsgerichtsbarkeit, S. 19 ff.; *Gehring*, DÖV 54, 331; *Forsthoff*, Verwaltungsrecht, 8. Aufl. S. 462, betont, daß der individuelle Rechtsschutz gleichzeitig zur Kontrolle der Verwaltung zur Wahrung des Rechts dient. Ähnlich *Menger*, System des verwaltungsgerichtlichen Rechtsschutzes, S. 165 u. Grundrechte III/2, S. 730; *Hoffmann*, VerwArch. 53, 297 (303).

[9] Ein Beispiel dafür, daß die alte Auffassung noch heute nachwirkt, ist die Bedeutung, die der Ausschaltung der sog. Popularklage beigemessen wird. So ist § 42 II VwGO nach der Begründung zum entsprechenden § 41 EVwGO allein zur Ausschließung der Popularklage eingefügt worden. Vgl. auch *Schunck - De Clerck*, Anm. 2 d, aa zu § 42 VwGO. Sieht man die Aufgabe der Verwaltungsgerichtsbarkeit allein in der Kontrolle der Verwaltung, so kann es sich freilich empfehlen, den Kreis der Klageberechtigten durch irgendwelche (beliebigen) Merkmale einzuschränken, obwohl die Popularklage natürlich genauso tauglich für diesen Zweck ist (vgl. *Niese*, JZ 52, 356). Geht es aber in der Verwaltungsgerichtsbarkeit um die Durchsetzung subjektiver Rechte des einzelnen, so ist die Vorschaltung eines solchen Filters bei den Voraussetzungen der Zulässigkeit überflüssig. Die Klage eines nicht aktiv legitimierten „quivis ex populo" kommt in der Praxis kaum vor (*Ule*, Verwaltungsprozeßrecht, S. 105) und würde dann besser als unbegründet abgewiesen. Zur ganzen Frage: *Ule*, Verwaltungsprozeßrecht, S. 104 ff.; *Rupp*, AöR 88, 479 (482).

[10] Hierzu *Genzmer*, HdDStR II, S. 506 (516).

IV. Der Aufhebungsanspruch

tung"[11] ist[12]. Eine objektive Kontrolle der Verwaltung findet dabei zwar weiterhin statt, aber nur nebenbei und nicht als eigentliches Ziel[13].

Geht man hiervon aus, so ist Zweck der Anfechtungsklage, dem einzelnen Rechtsschutz gegen einen rechtswidrigen Eingriff der Verwaltung in seine Rechtsposition (status) zu gewähren. Das heißt, aus der rechtswidrigen Verletzung seiner Rechtsposition („soweit der Verwaltungsakt rechtswidrig und der Kläger dadurch in seinen Rechten verletzt ist") erwächst dem einzelnen ein Anspruch auf Beseitigung der Verletzung, auf Aufhebung des Verwaltungsakts[14]. Dieser Anspruch ist zu unterscheiden von der verletzten Rechtsposition selbst[15], er ist ein Ausfluß dieser Rechtsposition.

Ein solcher Aufhebungsanspruch wird verschiedentlich im Schrifttum erwähnt[16], insbesondere im Zusammenhang mit der Lehre vom Streitgegenstand der Anfechtungsklage[17]:

Nach *Naumann*[18] hat jemand, der „durch die öffentliche Gewalt in seinen Rechten verletzt" wird, „einen Anspruch darauf, mit Hilfe des Verwaltungsgerichts den Verwaltungsakt als rechtswidrig beseitigt zu erhalten. Dieser Anspruch, das subjektive Anfechtungsrecht des Klägers, ist der Streitgegenstand im verwaltungsgerichtlichen Verfahren". Auch *Bettermann*[19] nahm — jedenfalls für die Zeit vor Inkrafttreten der VwGO[20] — an, „Streitgegenstand der Anfechtungsklage (sei) das

---

[11] *Bettermann*, DVBl. 53, 163/202 (164).

[12] Vgl. auch einen Teil der Länderverfassungen: Art. 67 Verf. Bad.-Württ.; Art. 71 Verf. Berlin; Art. 141 Verf. Bremen Art. 41 Verf. Nieders.; Art. 74 Verf. Nordrh.-Westf.; Art. 124 Verf. Rh.-Pf.; Art. 90 der alten Verf. Württ.-Bad. bzw. Art. 67 Verf. Württ. Ho.

[13] Ausgeklammert sei hier das Normenkontrollverfahren (§ 47 VwGO). Hierzu *Menger*, Grundrechte III/2, S. 729; *Renck*, DÖV 64, 1; *Wolff*, Verwaltungsrecht III, S. 337, die im Normenkontrollverfahren in erster Linie ein Beanstandungsverfahren sehen. Dagegen dient nach *Bachof*, DÖV 64, 9 das Verfahren in gleichem Maße dem Individualrechtsschutz.

[14] Zur Wertung der Anfechtungsklage als „Indiz" für einen materiellen Anspruch vgl. *Rupp*, AöR 85, 149/301 (151).

[15] *Gehring*, DÖV 54, 331 (335); *Bachof*, VerfR I, S. 201; *Rupp*, AöR 88, 484.

[16] Aus der Rechtsprechung vgl. OVG Hamburg, MDR 53, 442.

[17] Auf die Lehren vom Streitgegenstand der Anfechtungsklage kann nicht im einzelnen eingegangen werden, da es hier nicht um den prozessualen, sondern um den materiellrechtlichen Anspruch geht (Zu dieser Unterscheidung: *Schönke - Schröder - Niese*, Zivilprozeßrecht, S. 212 f.). Einen guten Überblick gibt *Klinger*, Vorbemerkung zu § 79 VwGO. Für das Problem des materiellen Aufhebungsanspruchs kommen davon nur diejenigen Äußerungen in Betracht, die über einen rein prozeßrechtlichen Streitgegenstandsbegriff hinausgehen (vgl. *Kornblum*, JZ 62, 654 (656); *Rupp*, Grundfragen der heutigen Verwaltungsrechtslehre, S. 160).

[18] DVBl. 52, 695 (696); ähnlich DVBl. 54, 333.

[19] DVBl. 53, 163/202 (165).

[20] In NJW 61, 1097 erwähnt er einen Aufhebungsanspruch nicht mehr.

subjektive Recht des Klägers auf richterliche Aufhebung des angefochtenen Verwaltungsakts oder der Anspruch des Klägers gegen die Verwaltungsbehörde auf deren Aufhebung des Verwaltungsakts"[21]. In jüngster Zeit hat *Bachof*[22] unter Hinweis auf eine Entscheidung des Bundesverwaltungsgerichts[23] die Ansicht vertreten, es beständen keine Bedenken dagegen, neben der „Rechtswidrigkeit des Aktes" und neben dem „Betroffensein des Klägers in seinen Rechten" auch den Aufhebungsanspruch des Klägers zum Streitgegenstand zu rechnen. „Denn wenn der Akt sowohl in Rechte des Klägers eingreift als auch rechtswidrig ist, so hat der Kläger eben, wie sich in prozessualer Einkleidung aus § 113 I ergibt, einen materiell-rechtlichen Anspruch auf Aufhebung des Aktes"[24]. So sagt auch *Rupp*[25]: „Bei einer Anfechtungsklage, die strukturell auf Abwehr eines Angriffs in die Freiheitssphäre gerichtet ist, ist Streitgegenstand die Geltendmachung eines Abwehrrechts oder eines Beseitigungsanspruchs, den der Richter aus prozeßökonomischen Gründen selbst vollziehen kann[26]."

Dieser Anfechtungs- oder Aufhebungsanspruch ist es also, den wir in Parallele zum Folgenbeseitigungsanspruch gesehen haben[27]. Er richtet sich ebenfalls unmittelbar gegen den Staat[28] und geht auf die Aufhebung des rechtswidrigen Verwaltungsaktes, durch den der Betroffene in seinen Rechten beeinträchtigt wird. Ergeht ein rechtswidriger Verwaltungsakt, der sofort vollzogen wird (§ 80 II VwGO), so hat derjenige, der dadurch in seinen Rechten beeinträchtigt wird, erstens einen Aufhebungsanspruch auf Aufhebung des Verwaltungsakts (rechtliche Beeinträchtigung) und zweitens einen Folgenbeseitigungsanspruch auf Beseitigung der Vollzugsfolgen (tatsächliche Beeinträchtigung)[29]. Auf der prozessualen Seite entspricht dem § 113 Abs. 1 Satz 1 und Satz 2 VwGO.

---

[21] So auch *Gehring*, DÖV 54, 331 (335).
[22] VerfR I, S. 200 ff. und 220; JZ 66, 11 (396).
[23] BVerwGE 7, 54 (56). Aus den Gründen: „Nach Ansicht des erkennenden Senats bildet es deshalb auch im Verwaltungsprozeß keine Prozeßvoraussetzung, daß der mit der Klage verfolgte Anspruch, sei er nun auf Aufhebung des belastenden Verwaltungsakts oder auf Gewährung einer öffentlichrechtlichen Leistung gerichtet, nicht verwirkt worden ist."
[24] In Vornahmeklage, S. 39, nennt *Bachof* für das VGG einen Aufhebungsanspruch noch nicht.
[25] AöR 85, 149/301 (313).
[26] Vgl. weiter: *Geiger*, in: Staatsbürger u. Staatsgewalt, Bd. 1, S. 183 (202); *Bettermann*, in: Staatsbürger u. Staatsgewalt, Bd. 2, S. 449 (454 f.); OVG Hamburg, DVBl. 51, 472.
[27] Oben unter III.
[28] Beide Ansprüche stimmen damit auch in dem Punkt überein, an dem *Menger* dogmatisch gescheitert ist. Vgl. oben A III Anm. 24.
[29] Die Frage der Bestandswirkung kann in diesem Zusammenhang unberücksichtigt bleiben.

Aus den prozessualen Vorschriften (§§ 42, 113 I VwGO) läßt sich nun zwar auf die geltend gemachten materiellen Ansprüche schließen[30], sie können aber nicht deren Geltungsgrund abgeben, sondern setzen die materiellen Ansprüche voraus[31]. Die Begründung für beide Ansprüche muß daher anderweitig gefunden werden. Da wir auf der Stufe des einfachen Gesetzes eine Antwort nicht finden konnten, wird das weitere Vorgehen auf der Ebene des Verfassungsrechts ansetzen müssen[32].

V. Ansatz einer Begründung des Aufhebungs- und Folgenbeseitigungsanspruchs aus dem Grundgesetz

Betrachten wir die beiden Ansprüche auf ihren verfassungsrechtlichen Standort hin, so wird deutlich, daß es hier um das Verhältnis des einzelnen, des Bürgers[1], zum Staat geht. Beide dienen dazu, rechtswidrige Beeinträchtigungen des Bürgers durch den Staat zu beseitigen. Das setzt voraus, daß der Bürger gegenüber dem Staat eine — allgemein gesprochen — Sphäre[2] besitzt, die beeinträchtigt werden kann, und daß er rechtswidrige Beeinträchtigungen (Verletzungen) dieser Sphäre durch den Staat nicht zu dulden braucht.

Diese Sphäre des Bürgers ist gemeint, wenn Art. 19 IV GG, §§ 42 II, 113 I VwGO von „seinen Rechten" sprechen. Was unter diesen Rechten zu verstehen sei, ist vielfach untersucht worden. Hierbei stand insbesondere der Begriff der subjektiven Rechte[3] im Mittelpunkt. Er ist aber kontrovers geblieben und sollte daher mit Vorsicht verwendet werden[4, 5]. Die Frage kann hier im einzelnen nicht nochmal durchdiskutiert werden. Dies ist auch nicht notwendig, da sie uns mehr am Rande interessiert. Geht es uns doch nicht um jene Rechte, sondern um die aus ihrer Verletzung entspringenden Ansprüche. Diese sind aber offensichtlich unabhängig davon, welchen Inhalt die verletzten Rechte haben, wie

---

[30] Dazu *Rupp*, AöR 85, 149/301 (151).
[31] Vgl. oben A II bei und in Anm. 3.
[32] Bei *Lerche*, Übermaß u. Verfassungsrecht, S. 168, wird der Folgenbeseitigungsanspruch durch die Verknüpfung mit dem Grundsatz der Erforderlichkeit „auf Verfassungsboden gehoben".
[1] Vgl. *Schlusnus*, Diss., S. 54.
[2] Vgl. die Sphärentheorie *Mengers*, Identität des Rechtsgrundes, S. 352.
[3] Dazu grundlegend: *Bachof*, Reflexwirkungen und subjektive Rechte im öffentlichen Recht, S. 287 ff.
[4] *Maunz - Dürig*, Rdn. 33 zu Art. 19 IV GG; *Bachof*, Reflexwirkungen u. subjektive Rechte im öffentlichen Recht, S. 291.
[5] In diesem Zusammenhang scheinen die mißverständlichen „schutzwürdigen Individualinteressen" nicht auszurotten zu sein. Zuletzt: *Klinger*, Anm. C 3 zu § 42 VwGO und *Redeker - v. Oertzen*, Anm. 83 zu § 42 VwGO. Dazu *Bachof*, VerfR I, S. 220 ff.

sich aus der allgemeinen Umschreibung in Art. 19 IV GG und den Vorschriften der Verwaltungsgerichtsordnung ergibt. Sie knüpfen vielmehr rein abstrakt an die Verletzung eines solchen Rechts an. Einige Bemerkungen hierzu können uns jedoch weiterführen.

Es hat sich heute die Ansicht durchgesetzt, daß unter jenen Rechten des Bürgers alle „rechtlich geschützten Interessen"[6] zu verstehen seien[7], anders formuliert, „alle durch objektive Rechtssätze gesicherten Positionen des Bürgers im Verhältnis zum Staat"[8]. Die Sicherung dieser Positionen durch objektive Rechtssätze bedeutet eine Sicherung gegenüber dem Staat, die ihre Wirksamkeit aus der Rechtsschutzgarantie des Art. 19 IV GG zieht. Diese Positionen bilden daher insgesamt eine vor unberechtigten Eingriffen geschützte Sondersphäre des Bürgers, seine Rechtsstellung gegenüber dem Staat. Insofern handelt es sich um einen Freiheitsbereich, jenen Freiheitsbereich, der unter der schlagwortartigen Bezeichnung „Freiheit und Eigentum" mit der Ausbildung der konstitutionellen Monarchie in Deutschland entscheidende Bedeutung für das Staatsrecht gewonnen hat[9, 10]. Diesen Bereich individueller Freiheit hat *Georg Jellinek* als „staatsfreie, das Imperium verneinende Sphäre" dargestellt und als „negativen Status" und „status libertatis" bezeichnet[11].

In diesem Sinn sagt *Menger*[12], die klassischen Freiheitsrechte der Verfassung räumten „dem Bürger lediglich Rechtsstellungen ein, welche in ihrer Gesamtheit den sog. status negativus oder status libertatis des Bürgers bilden". Diese Rechtsstellungen seien es, „welche der Grundgesetzgeber in Art. 19 IV 1 GG und die Gesetzgeber der Verwaltungs-

---

[6] *Eyermann - Fröhler*, Rdn. 96 ff. zu § 42 VwGO.

[7] *Bachof*, VerfR I, S. 220, der hierfür die entscheidende Vorarbeit geleistet hat. Vgl. DRZ 50, 341 (344), DÖV 53, 417 ff. und Reflexwirkungen u. subjektive Rechte im öffentlichen Recht, S. 287 ff. Außerdem: *Gehring*, DÖV 54, 331 (335); *Redeker - v. Oertzen*, Anm. 83 zu § 42 VwGO; *Schunck - De Clerck*, Anm. 2 d, aa zu § 42 VwGO.

[8] *Bachof*, DRZ 50, 341 (344).

[9] Vgl. *Jesch*, Gesetz u. Verwaltung, insbesondere S. 102 ff.

[10] Nur aus lokalhistorischem Interesse sei auf die Verwendung der Freiheits- u. Eigentumsformel durch *Friedrich I. von Württemberg* im General-Rescript vom 2. 1. 1806 anläßlich der Übernahme der Königswürde hingewiesen. Es heißt dort: „... so wie Wir dann insbesondere die persönliche Freiheit und das sichere Eigentum eines Jeden unter unseren besonderen Schutz zu nehmen ... feierlichst versprechen." Hier wird mit der Formel schon ein geschützter Bereich des einzelnen umschrieben, es fehlt aber noch die konstitutionelle Bedeutung.

[11] System der subjektiven öffentlichen Rechte, S. 82, 99. Dazu *Jesch*, Gesetz und Verwaltung, S. 125 f.

[12] Grundrechte III/2, S. 717 (749 f.). Vgl. auch System des verwaltungsgerichtlichen Rechtsschutzes, S. 118.

V. Begründung aus dem Grundgesetz

gerichtsordnungen meinen, wenn sie als Klagvoraussetzung fordern, daß jemand in seinen Rechten verletzt oder beeinträchtigt sei"[13, 14].

Nach konstitutionellem Staatsrecht[15] war ein staatlicher Eingriff in den Bereich von Freiheit und Eigentum nur durch ein Gesetz oder auf Grund eines Gesetzes möglich, d. h. nur mit Zustimmung der — in der gesetzgebenden Körperschaft repräsentierten — betroffenen Freiheitsträger[16]. Dieser Vorbehalt des Gesetzes für belastende Eingriffe in die Rechts- und Freiheitssphäre gilt auch unter dem Grundgesetz in derselben Weise[17, 18]. Das Grundgesetz hat den Schutz des Freiheits- und Eigentumsbereichs übernommen, wenn dies auch nicht unter Verwendung der traditionellen Formel geschehen ist. Der Vorbehalt für alle Eingriffe in Freiheit und Eigentum „ergibt sich jedoch aus den Grundrechten mit Gesetzesvorbehalt... Die Grundrechte mit Gesetzesvorbehalt umschreiben im Grundgesetz in vollkommener und umfassender Weise die unter Vorbehalt stehende Individualsphäre[19]." In diesem Zusammenhang muß unterschieden werden zwischen den in den Grundrechten festgelegten Gesetzesvorbehalten und dem Vorbehalt des Gesetzes im Sinne einer Bindung der Exekutive an eine Ermächtigung durch formelles Gesetz[20]. Die Gesetzesvorbehalte der Grundrechte regeln die Frage, inwieweit der Gesetzgeber den grundrechtlich ge-

---

[13] Zustimmend *v. Mangoldt-Klein*, Anm. VII 3 e zu Art. 19 GG.

[14] Der Begriff des „status negativus" ist allerdings nicht immer ganz eindeutig. Während bei *Georg Jellinek* damit „eine staatsfreie, das Imperium verneinende Sphäre" gemeint ist (vgl. bei u. in Anm. 11), gehören nach *Thoma* zum status negativus „alle Befugnisse, kraft deren er (d. i. der deutsche Staatsbürger) verlangen kann, daß staatliche Eingriffe in seine Rechts- und Freiheitssphäre unterbleiben oder rückgängig gemacht werden" (HDStR II, S. 607/619). Die Befugnis, etwas verlangen zu können, ist aber nichts anderes als ein Anspruch, der nach *Georg Jellinek* „wie jeder auf ein bestimmtes staatliches Verhalten zum positiven Status des Individuums" gehört (System der subjektiven öffentlichen Rechte, S. 100). Auch bei *Menger* bleibt der Begriff schließlich undeutlich, wenn er im gleichen Atemzug als „Inbegriff der aus dem objektiven Recht sich ergebenden Berechtigungen und Verpflichtungen" und als „Inbegriff der ausdrücklich (in den Grundrechten) oder rechtsgrundsätzlich garantierten Freiheitsrechte" umschrieben wird (System des verwaltungsgerichtlichen Rechtsschutzes, S. 118.).

[15] Statt aller: *Meyer - Anschütz*, Lehrbuch des deutschen Staatsrechts. S. 651 (655) u. 760 f.

[16] Sog. „demokratischer Gesetzesbegriff". Vgl. *Jesch*, Gesetz und Verwaltung, S. 26.

[17] Für die Weimarer Republik vgl. *Thoma*, HDStR II, S. 221 ff.

[18] Das wissenschaftliche Interesse hat sich allerdings heute auf die Frage verlagert, ob die Verwaltung auch im Rahmen begünstigender Tätigkeit in der sog. Leistungsverwaltung, jeweils einer gesetzlichen Ermächtigung bedarf. Vgl. zuletzt: *Jesch*, Gesetz u. Verwaltung, S. 175 ff.; *Maunz - Dürig*, Rdn. 130 ff. zu Art. 20 GG; *Rupp*, Grundfragen der heutigen Verwaltungsrechtslehre, S. 113 ff.

[19] *Jesch*, Gesetz und Verwaltung, S. 134 f.

[20] Vgl. *Jesch*, Gesetz und Verwaltung, S. 31 f.

schützten Bereich einschränken kann. Der Vorbehalt des Gesetzes besagt, daß Eingriffe in Freiheit und Eigentum nur durch Gesetz oder auf Grund eines Gesetzes erfolgen dürfen, d. h. insbesondere, daß alle Eingriffe durch die Exekutive einer gesetzlichen Grundlage bedürfen. Der ganze Bereich des Gesetzesvorbehaltes unterliegt immer auch dem Vorbehalt des Gesetzes (auch: Eingriffsvorbehalt), da eine Einschränkung der Grundrechte stets einen Eingriff in Freiheit und Eigentum des Bürgers bedeutet[21].

Im Grundgesetz finden wir den Bereich des Eingriffsvorbehalts hinsichtlich der Freiheit durch Art. 2 I GG[22] und die nachfolgenden speziellen Freiheitsrechte, hinsichtlich des Eigentums in Art. 14 GG bestimmt[23, 24]. Damit ist die traditionelle Auffassung des Eingriffsvorbehalts in unser Verfassungsrecht übernommen. Hieraus ergibt sich, „daß Eingriffe in Freiheit und Eigentum jedenfalls nur nach den Regeln zulässig sind, die bereits von der Staatsrechtslehre der konstitutionellen Monarchie entwickelt worden sind"[25]. Inhalt dieser Regeln ist aber nichts anderes als der Vorbehalt des Gesetzes, der die Exekutive an eine gesetzliche Ermächtigung bindet und eine wesentliche Komponente unseres Rechtsstaates ausmacht[26].

Ein Eingriff der Verwaltung in den Freiheits- und Eigentumsbereich des Bürgers bedeutet demnach eine Beeinträchtigung „seiner Rechte". Ist der Eingriff nicht durch ein formelles Gesetz gedeckt, steht er im Widerspruch mit dem Vorbehalt des Gesetzes, so ist er rechtswidrig und bedeutet nicht nur eine Beeinträchtigung, sondern eine Verletzung jener Rechte.

Die Rechtswidrigkeit eines solchen Eingriffsaktes kann sich aber auch daraus ergeben, daß er zwar von einem ermächtigenden Gesetz gedeckt ist, aber in Widerspruch zu einem anderen Gesetz steht[27]. Ein solcher

---

[21] Vgl. die Formulierung des Art. 19 I GG.

[22] *Maunz - Dürig*, Rdn. 26 zu Art. 2 I GG: „Rein abstrakt und formal hat Art. 2 I bewirkt, daß der status negativus des Menschen jetzt erstens als lückenlos, zweitens als Grundrecht ausgestaltet ist." Vgl. auch *Bachof*, Reflexwirkungen u. subjektive Rechte im öffentlichen Recht, S. 287 (301); *Dürig*, JZ 57, 169 (173); *Dahm*, Deutsches Recht, S. 293.

[23] Eingehend: *Jesch*, Gesetz und Verwaltung, S. 135 ff. Vgl. auch *Wolff*, Verwaltungsrecht I, S. 143, der für das Gebot der Gesetzmäßigkeit der Verwaltung „im positiven Sinne" auf Art. 2 I und 14 GG verweist.

[24] Zur umfassenden Auslegung des Eigentumsbegriffs in Art. 14 GG vgl. *Kimmich* in: Bonner Kommentar, Anm. II 3, 4 zu Art. 14. Sehr weit: BGHZ 6, 270 (275). Eine „differenzierende Lösung" vertritt BSGE 5, 40, dem BVerfGE 16, 94 (111 ff.) gefolgt ist. Zustimmend schon *Dürig*, JZ 58, 22 und Festschrift für Willibald Apelt, S. 13 ff.

[25] *Jesch*, Gesetz und Verwaltung, S. 137. Vgl. Art. 2 II Verf. Hessen.

[26] Vgl. auch BGH, DÖV 55, 635.

[27] Vgl. *Klinger*, Anm. C 2 a zu § 42 VwGO.

V. Begründung aus dem Grundgesetz

Akt verstößt gegen den „Vorrang des Gesetzes"[28], wie er sich aus Art. 20 III GG ergibt[29]. Nach diesem Grundsatz darf die Verwaltung mit ihren Akten nicht bestehenden gesetzlichen Regelungen zuwiderhandeln. Damit erfährt der oben umschriebene Bereich des Vorbehalts des Gesetzes indirekt eine Ergänzung: Soweit eine Regelung durch formelles Gesetz reicht, kann die Exekutive eine abweichende Regelung nur auf Grund eines neuen Gesetzes treffen, welches das erste Gesetz aufhebt oder einschränkt[30].

Die Bindung der eingreifenden Verwaltung an das ermächtigende Gesetz dient, wie wir sahen, der Freiheit des einzelnen. Das gilt auch für den zuletzt genannten Bereich des Vorranges des Gesetzes (Art. 20 III GG). Es geht hier nicht um die Garantie einer rechtmäßigen Verwaltung als Selbstzweck, sondern um den Schutz der Rechts- und Freiheitssphäre des einzelnen Bürgers. „Soweit es sich um die objektivrechtlich gewährte oder gewährleistete Freiheitssphäre des einzelnen handelt", schreibt *Bachof*[31], „kann die Freiheit in einem Staatswesen, das sich zum Primat der Freiheit bekennt und in dem nicht das Freisein von staatlichem Zwang, sondern die staatliche Beschränkung der Freiheit einer besonderen Legitimation bedarf (Art. 2 I, 20 III GG), niemals bloßer Reflex objektiven Rechts sein." Das heißt, der einzelne hat ein subjektives Recht auf die Beachtung der Grundsätze des Vorbehaltes und des Vorranges des Gesetzes durch die Verwaltung; er hat „für alle praktisch werdenden Beeinträchtigungen der Freiheit ein subjektives Recht auf Gesetzmäßigkeit des Eingriffs"[32] und damit ein subjektives Recht auf Unterlassung aller rechtswidrigen Beeinträchtigungen seiner Rechtssphäre[33].

Ein solcher Unterlassungsanspruch gegen rechtswidrige Eingriffe der Verwaltung in die Rechtsstellung des Bürgers wird seit langem[34] und insbesondere unter der Geltung des Grundgesetzes[35] angenommen[36].

---

[28] Dazu *Jesch*, Gesetz und Verwaltung, S. 29.
[29] Aus Art. 20 III GG ergibt sich direkt nur der Vorrang des Gesetzes. *Maunz - Dürig*, Rdn. 128 zu Art. 20 GG; *Jesch*, Gesetz u. Verwaltung, S. 190.
[30] Vgl. *Jesch*, Gesetz und Verwaltung, S. 30; BVerfGE 2, 307 (313); *Thoma*, HDStR II, S. 222. A. A. *Luhmann*, Öffentlich-rechtliche Entschädigung rechtspolitisch betrachtet, S. 147 f., der annimmt, das Prinzip der Gesetzmäßigkeit der Verwaltung habe eine Doppelformulierung gefunden: In Art. 20 III GG im Hinblick auf die Verwaltungsentscheidungen u. in Art. 2 I bzw. 14 I GG im Hinblick auf die spezifische Rechtssphäre des Bürgers.
[31] Reflexwirkungen u. subjektive Rechte im öffentlichen Recht, S. 287 (301).
[32] *Maunz - Dürig*, Rdn. 26 zu Art. 2 I GG. Ebenso: *Jesch*, Gesetz und Verwaltung, S. 135.
[33] Vgl. *Maunz - Dürig*, Rdn. 26 zu Art. 2 I GG.
[34] Vgl. *Georg Jellinek*, System der subjektiven öffentlichen Rechte, S. 98, 100; *Thoma*, HDStR II, S. 607 (621).
[35] Vgl. die nachfolgend Genannten. Außerdem: *Kammer*, DVBl. 52, 689; *Pfeifer*, DVBl. 63, 653.
[36] Zu der Formulierung, der Bürger habe ein Recht, „mit keiner nicht ob-

Für den Fall, daß die Verletzung bereits eingetreten ist, steht dem Unterlassungsanspruch ein Beseitigungsanspruch zur Seite[37]. Unterlassungsanspruch und Beseitigungsanspruch sind hier zwei gleichwertige Formen eines einheitlichen Abwehranspruchs, der danach modifiziert wird, ob die Verletzung noch bevorsteht oder bereits eingetreten ist und fortwirkt. Beide Ansprüche werden im Schrifttum einzeln und nebeneinander genannt. Sie werden in der Regel — ohne Darlegung von Einzelheiten — auf die Natur der Freiheitsrechte und auf den Grundsatz von der Gesetzmäßigkeit der Verwaltung[38] zurückgeführt. Ohne Anspruch auf Vollständigkeit seien einige Stimmen zitiert:

Nach *Georg Jellinek*[39] macht es das Wesen der Freiheit des einzelnen aus, daß das Individuum „zu keiner gesetzwidrigen Leistung herangezogen werden" darf und „einen auf Anerkennung seiner Freiheit basierenden Anspruch auf Unterlassung und Aufhebung der diese Norm überschreitenden obrigkeitlichen Befehle" hat. *Thoma*[40] leitet aus dem „allgemeinen Rechtsanspruch auf gesetzmäßige Freiheit" des status negativus im Geltungsbereich verwaltungsgerichtlicher Generalklauseln „ein allgemeines subjektives Recht auf Unterlassung bzw. Aufhebung rechtswidrig einschränkender Akte der Obrigkeit" ab.

Unter der Geltung des Grundgesetzes hat sich unter anderen *Naumann*[41] für einen Unterlassungsanspruch eingesetzt, der „aus dem rechtsstaatlichen Grundrechtsverhältnis des Staatsbürgers zum Staat folgt". Aus diesem Grundrechtsverhältnis ergebe sich nämlich „der Anspruch auf Freiheit von ungesetzlichem Zwang"[42]. Nach geschehenem Eingriff stehe dem Bürger ein Anspruch „auf Aufhebung der gesetzwidrigen Maßnahme" zu.

In dieser Reihe ist auch der quasinegatorische Beseitigungs- und Unterlassungsanspruch *Bettermanns*[43] zu nennen, der zunächst durch

---

liegenden Verbindlichkeit belastet zu werden", die auf das württembergische Gesetz über die Verwaltungsrechtspflege vom 16. 12. 1876 zurückgeht (vgl. auch: *Maunz - Dürig*, Rdn. 26 zu Art. 2 I GG unter aa); Art. 90 Verf. Württ.-Bad. v. 28. 11. 1946; § 35 I Württ.-Bad. VGG): *Bachof*, Vornahmeklage, S. 80.

[37] Zum Verhältnis von Unterlassungs- und Beseitigungsanspruch: *Naumann*, Vom vorbeugenden Rechtsschutz im Verwaltungsprozeß, S. 391 (398 f.) — Richtig formuliert daher VG Neustadt, NJW 65, 833: Der Betroffene habe einen Folgebeseitigungsanspruch „kraft seines beeinträchtigten Rechts — hier des Eigentums".

[38] Zur Vorsicht bei der Anwendung dieses Begriffes mahnt *Jesch*, Gesetz u. Verwaltung, S. 189 f.

[39] System der subjektiven öffentlichen Rechte, S. 98, ähnlich S. 100.

[40] HDStR II, S. 607 (619) ff.

[41] Vom vorbeugenden Rechtsschutz im Verwaltungsprozeß, S. 391 ff.

[42] Ähnlich: *Ruckdäschel*, DÖV 61, 675.

[43] Dazu kann auf die Darstellung oben A III 1 verwiesen werden.

V. Begründung aus dem Grundgesetz

Übertragung des zivilen quasinegatorischen Beseitigungsanspruchs[44] mit Hilfe des Gesetzmäßigkeitsprinzips und dann „aus dem Rechtsstaatsprinzip, insbesondere aus dem Grundsatz gesetzmäßiger Verwaltung, also aus Art. 20 III GG"[45] begründet wird. Ebenfalls hierher gehört der allgemeine Wiedergutmachungsanspruch von *Menger* und *Haas*[46, 47]. Während *Menger* hinsichtlich der Anfechtungsklage von einer „öffentlich-rechtlichen actio negatoria" oder einem „publizistischen Reaktionsanspruch"[48] spricht und sich zur Begründung auf die bestehenden Regelungen der Anfechtungsklage und der Amtshaftung stützt, leitet *Haas* seinen Anspruch aus der Überordnung der staatlichen Organe und der Vermutung der Rechtmäßigkeit ihrer Akte in Verbindung mit dem Rechtsstaatsgedanken ab (Art. 20, 28 GG)[49]. *Ringe*[50] geht unter Hinweis auf die Gedanken *Naumanns* von einem „Persönlichkeitsrecht auf Freiheit von ungesetzlichem Zwang" aus. Dessen Existenz folge daraus, „daß sich das Grundgesetz grundsätzlich zum Primat der Freiheit bekennt (Art. 2 I GG) und daß staatliche Beschränkung der Freiheit einer besonderen Legitimation bedarf (Art. 20 III GG)[51]. Diesem Persönlichkeitsrecht entspringe ein Anspruch auf Unterlassung rechtswidriger Eingriffe, ein Abwehrrecht. Nach *Lüke*[52] schafft „die Bindung der Verwaltung an das Gesetz... für den Staatsbürger einen unantastbaren, rechtlich geschützten Bereich. Der Eingriff in diese Sphäre löst einen Anspruch auf Beseitigung und Unterlassung der gesetzwidrigen Belastung aus". Auch *Ule*[53] bejaht einen Beseitigungsanspruch bei rechtswidrigem Eingriff einer Verwaltungsbehörde in die Rechtsstellung eines Bürgers. Er hat dabei aber nur die Beseitigung tatsächlicher Folgen, nicht auch die Anfechtungsklage im Auge. Eine Begründung des Anspruchs gibt *Ule* nicht. Dagegen bezieht sich *Rupp*[54] ausdrücklich auf die Freiheitssphäre des Bürgers. Wenn eine Behörde durch Verwaltungsakt zu Unrecht in diese Sphäre eingreife, löse das „sogleich einen

---

[44] DÖV 55, 528 ff.
[45] Grundrechte III/2, S. 803 f.
[46] Vgl. oben A III 2. Im Anschluß an *Menger*: OVG Münster, NJW 64, 1872.
[47] Beide Autoren gehen allerdings im Ergebnis wesentlich weiter (zu weit — vgl. oben A III Anm. 24) als die übrigen Meinungen, indem sie den Amtshaftungsanspruch in ihren Wiedergutmachungsanspruch mit einbeziehen.
[48] System des verwaltungsgerichtlichen Rechtsschutzes, S. 118 und Grundrechte III/2, S. 717 (749 f.).
[49] System der öffentlichrechtlichen Entschädigungen, S. 59.
[50] DVBl. 58, 378 und 834.
[51] Die Formulierungen folgen *Bachof*, Reflexwirkungen und subjektive Rechte im öffentlichen Recht, S. 287 (301).
[52] AöR 84, 185 f.
[53] DVBl. 59, 583 und Verwaltungsprozeßrecht, S. 102.
[54] AöR 85, 149/301 (312). Vgl. auch schon DVBl. 58, 113 (118).

72 Teil B: Der FBA als Reaktionsanspruch auf eine Statusverletzung

echten Anspruch auf Beseitigung des Eingriffs" aus. Auch *Bachof*[55] nennt einen Abwehranspruch gegen rechtswidriges Tätigwerden einer Behörde. Dieser lasse sich „ohne Schwierigkeiten aus dem umfassenden Freiheitsrecht des einzelnen, keine ungesetzlichen Eingriffe in seine Freiheit dulden zu müssen, und damit letztlich aus dem Grundsatz der Gesetzmäßigkeit der Verwaltung ableiten"[56].

Neuerdings hat *Heidenhain*[57] in Anlehnung an *Bettermann* einen Beseitigungsanspruch entwickelt, ihm aber „mit dem Hinweis auf die umfassende Eröffnung des Rechtsweges bei der Verletzung der Rechte des einzelnen durch die öffentliche Gewalt" begründet[58]. Der materielle Beseitigungsanspruch sei „dem bestehenden System des Rechtsschutzes immanent"[59]. *Heidenhain* kommt insoweit zum Teil zu ähnlichen Ergebnissen wie die vorliegende Arbeit.

Bemerkenswert ist in diesem Zusammenhang, daß sich die Vorstellungen von der Rechts- oder Freiheitssphäre des Bürgers und den daraus entspringenden Unterlassungs- und Beseitigungsansprüchen immer wieder mehr oder weniger stark an den absoluten Rechten des Zivilrechts orientieren, insbesondere am Eigentum. Tertium comparationis ist dabei, daß es sich um Rechtspositionen handelt, denen ein Unterlassungs- und Beseitigungsanspruch gegen jeden Außenstehenden inhärent ist, der bei Verletzung aktuell wird.

Schon *Georg Jellinek* zieht diese Parallele, um das Wesen des status negativus deutlich zu machen: „Gleichwie dem dinglichen Rechte die negative Pflicht der eventuell mit dem Berechtigten in Berührung kommenden Personen entspricht, diesen nicht zu stören, so entspricht dem negativen Status die analoge Pflicht sämtlicher mit dem Individuum in Verkehr tretender Behörden[60]." Ähnlich findet sich der Vergleich bei *Menger:* „In der Tat handelt es sich bei den negativen Statusrechten selbst nicht um Ansprüche, sondern — vergleichbar den Sachenrechten des bürgerlichen Rechts — um Rechtsstellungen, welche erst die Grundlage für mögliche subjetive Rechte im Sinne von Ansprüchen bilden[61]."

---

[55] DVBl. 61, 128.
[56] Vgl. auch den Abwendungsanspruch *Wolffs* in: Der Abwendungsanspruch aus öffentlichen Reflexrechten, insbesondere im Fürsorgerecht; außerdem: Verwaltungsrecht I, S. 236.
[57] Amtshaftung und Entschädigung aus enteignungsgleichem Eingriff, insbesondere S. 135 ff.
[58] S. 141. Ähnlich: *Redeker - v. Oertzen,* Anm. 6 zu § 113 VwGO: „Aus materieller Wertung des Art. 19 IV GG".
[59] S. 141.
[60] System der subjektiven öffentlichen Rechte, S. 99 ff.
[61] Grundrechte III/2, S. 749 f.; ähnlich: System des verwaltungsgerichtlichen Rechtsschutzes, S. 118.

V. Begründung aus dem Grundgesetz

Die Anfechtungsklage wird von *Menger* daher als „öffentlichrechtliche actio negatoria" und „publizistischer Reaktionsanspruch" charakterisiert[62]. In diesem Sinne sagt auch *Pfeifer*, was von den „Rechten auf Freiheit von Verletzung" übrig bleibe, sei „ihre Integritätsfunktion, wie sie uns beim Eigentum im Störungsfreiheitsanspruch des § 1004 BGB in vertrauter Form entgegentritt"[63]. Am dichtesten wird die Verbindung bei *Bettermann*, der seinen quasinegatorischen Wiederherstellungsanspruch durch Übertragung der bürgerlichrechtlichen actio negatoria ins öffentliche Recht gewinnt[64].

Die Heranziehung solcher bürgerlichrechtlichen Vorstellungen mag insoweit berechtigt sein, als sich tatsächlich beim Eingriff in absolute Rechte des bürgerlichen Rechts und bei der Verletzung der Rechtsstellung des Bürgers durch den Staat gewisse Parallelen der juristischen Vorstellung oder Konstruktion finden. Solche Parallelen wären etwa in der von *Menger*[65] angesprochenen Problematik von (statischer) Rechtsposition einerseits und daraus entspringendem oder darin enthaltenem (dynamischem) Anspruch andererseits zu sehen[66]. Es darf aber nicht übersehen werden, daß über diese Fragen in der Dogmatik des bürgerlichen Rechts auch keine Einmütigkeit herrscht[67].

Schließlich muß fraglich bleiben, ob überhaupt eine Parallelsituation vorliegt, da der Bereich des status negativus immer nur mit Blickrichtung auf (gegen) den Staat gesehen wird[68], während sich die absoluten Rechte des Zivilrechts gegen jedermann richten. Es liegt daher — wenn schon — der Vergleich mit einem Schuldverhältnis näher. Diese Einordnung zeigt aber nur die Fragwürdigkeit jeder Heranziehung bürgerlichrechtlicher Vorstellungen.

Keinesfalls erscheint es angängig, die im bürgerlichen Recht aus den absoluten Rechten entwickelten Institutionen einfach ins öffentliche Recht zu übertragen, wie dies *Bettermann* unter globaler Berufung auf

---

[62] Grundrechte III/2, S. 749.
[63] DVBl. 63, 653.
[64] Vgl. oben A III 1.
[65] Vgl. bei Anm. 61.
[66] Vgl. für das Zivilrecht etwa: *Nipperdey*, Allgemeiner Teil des bürgerlichen Rechts, 1. Hbd., S. 306 u. 2. Hbd., S. 961 f.; *Lehmann*, Allgemeiner Teil des bürgerlichen Gesetzbuches, S. 83; *Lehmann*, Schuldrecht, S. 2 ff.; *Raiser*, Sachenrecht, S. 8 ff. — Nach *Lüke*, AöR 84, 185 f., gelangt der Beseitigungs- u. Unterlassungsanspruch mit dem rechtswidrigen Eingriff zur Entstehung. *Kammer*, DVBl. 52, 689, scheint im Unterlassungsanspruch das beeinträchtigte subjektive Recht zu sehen.
[67] Vgl. *Lehmann*, Allgemeiner Teil des bürgerlichen Gesetzbuches, S. 83.
[68] Hier klingt die Problematik der sog. Drittwirkung der Grundrechte an. Dazu *Maunz - Dürig*, Rdn. 102, 127 ff. zu Art. 1 III GG.

Gebote der Gerechtigkeit getan hat[69]. Dabei bleibt die völlig anders geartete Interessenlage im öffentlichen Recht unberücksichtigt, wo sich eben nicht gleichgeordnete Rechtssubjekte gegenüberstehen, sondern der einzelne und der Staat als Obwalter des allgemeinen Interesses.

Zum Abschluß dieses Abschnittes darf das immer wieder geäußerte Bedenken nicht übergangen werden, das sich gegen die Ableitung bestimmter Sanktionen aus Art. 20 III GG richtet. „Das Gesetzmäßigkeitsprinzip", sagt etwa *Bachof*[70], „verwehrt zwar der Verwaltung ein gesetzwidriges Handeln; es besagt aber, mindestens unmittelbar, nichts darüber, was im Falle einer dennoch erfolgten Rechtswidrigkeit zu geschehen habe"[71]. Hierzu muß gesagt werden, daß der Einwand als solcher richtig ist. Aus Art. 20 III GG läßt sich unmittelbar und rein logisch der Unterlassungs- und Beseitigungsanspruch nicht ableiten[72]. Dies haben wir aber auch nicht getan. Der Unterlassungs- und Beseitigungsgrundsatz ergibt sich vielmehr aus dem historisch gewachsenen Verhältnis von Bürger und Staat in der besonderen Ausprägung des Grundgesetzes, wozu Art. 20 III auch gehört. Dabei müssen allerdings die engen Bahnen logisch-begrifflichen Ableitens verlassen werden. Da das Grundgesetz kein geschlossenes System mathematischer Axiome ist, kann ihm mit einer rein logischen Methode kein Leben eingehaucht werden. Die „ideelle Geschlossenheit"[73] unserer Verfassung läßt sich nur durch ein topisches[74], problemorientiertes Argumentieren erschließen[75], bei dem „unter Berücksichtigung *aller* in Betracht kommenden Gesichtspunkte"[76] entschieden wird. Unter den topoi darf man dabei allerdings nicht Gemeinplätze und Redewendungen der antiken Rhetorik verstehen[77], sondern „materiale Gesichtspunkte, die auch im Bereich geisteswissenschaftlicher Disziplinen zureichende Begründungen für unsere Erkenntnisse zu liefern vermögen"[78]. Das bedeutet keine subjektiv-relativistische Aufweichung, da gewissenhaftem Bemühen auch

---

[69] DÖV 55, 528 (534 ff.).

[70] VerfR I, S. 261.

[71] Ähnlich *Heidenhain*, Amtshaftung und Entschädigung aus enteignungsgleichem Eingriff, S. 73 ff., 129 ff.; *Bettermann*, DÖV 55, 528 (534); BVerwG, NJW 61, 1130.

[72] Vgl. BVerwG, DÖV 60, 804. A. A. *Bettermann*, Grundrechte III/2, S. 803 ff. Auch *Forsthoff*, Verwaltungsrecht, S. 252, und OVG Lüneburg, DÖV 62, 467, leiten etwa den Folgenbeseitigungsanspruch aus Art. 20 III GG ab.

[73] *Rupp*, Grundfragen der heutigen Verwaltungsrechtslehre, S. 190.

[74] Vgl. *Viehweg*, Topik und Jurisprudenz.

[75] Vgl. *Rupp*, Grundfragen der heutigen Verwaltungsrechtslehre, S. 141 ff., 190 f.; *Esser*, Grundsatz und Norm in der richterlichen Fortbildung des Privatrechts, S. 44 ff.

[76] *Bachof*, VerfR I, S. 263.

[77] Dagegen *Diederichsen*, NJW 66, 697.

[78] *Engisch*, ZStW 69, 591 (600).

VI. Ableitung eines Aufhebungs- und Folgenbeseitigungsanspruchs 75

die sachliche Überzeugungskraft topischen Abwägens hinreichend stringent sein wird.

In diesem Sinne ist der Unterlassungs- und Beseitigungsanspruch ausreichend fundiert, zumal es bis hierhin beim allgemeinen Grundsatz verblieb und nicht etwa ein Anspruch in allen Einzelheiten der Voraussetzungen und Folgen entwickelt wurde.

VI. Ableitung eines Aufhebungs- und Folgenbeseitigungsanspruchs aus dem verfassungsrechtlichen Unterlassungs- und Beseitigungsgrundsatz[1]

Der im letzten Abschnitt entwickelte Unterlassungs- und Beseitigungsgrundsatz — oder ein ähnlicher Anspruch — wird von einer verbreiteten Meinung als Grundlage des Anfechtungs- (Aufhebungs-) anspruchs angesehen[2]. Das Verhältnis von Anfechtungsklage, Aufhebungsanspruch und allgemeinem Unterlassungs- und Beseitigungsgrundsatz wird dabei verschieden formuliert. So wird die Anfechtungsklage als „eine Form der Abwehrklage gegen unrechtmäßige Verwaltungseingriffe"[3] bezeichnet. Nach anderer Darstellung liegt das „Recht auf Freiheit von ungesetzlichem Zwang"[4], der Unterlassungsanspruch gegen den Staat, der Anfechtungsklage zugrunde[5]. Schließlich wird auch klar gesagt, der staatliche Eingriff in die Freiheitssphäre des Bürgers löse einen Unterlassungs- und Beseitigungsanspruch aus. Dieser werde mit der Anfechtungsklage geltend gemacht[6].

Diese Aussagen erscheinen zu ungenau. Der aus einer Verletzung des status negativus dem Betroffenen erwachsende Unterlassungs- und Beseitigungsanspruch kann nicht so ohne weiteres mit dem der Anfech-

---

[1] Im folgenden soll allgemeiner von einem Unterlassungs- und Beseitigungs*grundsatz* gesprochen werden, da dessen rechtliche Qualifikation (Anspruch?) noch zu prüfen sein wird. Dies schien im vorigen Abschnitt noch nicht angezeigt, da die dort zitierten Autoren allgemein von „Anspruch" sprechen.
[2] Vgl. *Kammer*, DVBl. 52, 689; *Bettermann*, DVBl. 53, 163 f.; *Menger*, Identität des Rechtsgrundes, S. 347 und Grundrechte III/2, S. 749 f.; *Naumann*, Vom vorbeugenden Rechtsschutz im Verwaltungsprozeß, S. 391 (398); *Ringe*, DVBl. 58, 378 und 834; *Rupp*, AöR 85, 149/301 (312 f.); *Lüke*, AöR 84, 185 f. und JuS 61, 44; *Pfeifer*, DVBl. 63, 653.
[3] *Bettermann*, DVBl. 53, 163 f. Ähnlich: *Menger*, Grundrechte III/2, S. 730: „Im Anfechtungsprozeß verteidigt der Kläger seine ihm von der Rechtsordnung eingeräumte Rechtsstellung gegen objektiv rechtswidrige Beeinträchtigungen durch einen Träger der öffentlichen Gewalt".
[4] *Ringe*, DVBl. 58, 378.
[5] So *Naumann*, Vom vorbeugenden Rechtsschutz im Verwaltungsprozeß, S. 398 f. Ähnlich: *Ringe*, DVBl. 58, 378 und 834; *Kammer*, DVBl. 52, 689, Anm. 5.
[6] Vgl. *Lüke*, AöR 84, 185 f. und JuS 61, 44; *Pfeifer*, DVBl. 63, 653; *Rupp*, AöR 85, 149/301 (312 f.).

tungsklage zugrunde liegenden Aufhebungsanspruch gleichgesetzt werden. Dazu bedarf es erst einer Prüfung seines rechtlichen Charakters und weiter einer Präzisierung seiner Elemente. Beide Fragen hängen zusammen, denn die Anwendung eines Rechtssatzes setzt seine präzise Ausgestaltung im Tatbestands- und im Rechtsfolgenteil voraus. Ein bloßes Rechtsprinzip ist solange keine Rechtsnorm im technischen Sinne, als es „keine unmittelbare Weisung verbindlicher Art für einen bestimmten Fragenbereich enthält, sondern die judizielle oder legislative Ausprägung solcher Weisungen verlangt oder voraussetzt"[7].

Die Notwendigkeit einer Präzisierung folgt schon daraus, daß nicht nur der Aufhebungsanspruch, sondern auch der Folgenbeseitigungsanspruch in dem Verhältnis des einzelnen zum Staat wurzelt, das durch den status negativus und den Unterlassungs- und Beseitigungsgrundsatz gekennzeichnet ist. Von beiden — als parallel erkannten — Ansprüchen waren wir ja ausgegangen und in jene Problematik auf verfassungsrechtlicher Ebene vorgestoßen. Die Beziehung des Folgenbeseitigungsanspruchs zum allgemeinen Unterlassungs- und Beseitigungsgrundsatz wird denn auch von verschiedenen Seiten bejaht[8]. Das heißt, daß zwei Ansprüche hier auf eine Wurzel zurückgeführt werden, die in ihren Voraussetzungen und Rechtsfolgen sehr verschieden sind. Ein aus einer Verletzung des status negativus entstehender allgemeiner Unterlassungs- und Beseitigungsanspruch ist daher nicht einfach, sondern mehrschichtig und muß daher weiter differenziert werden, um für den konkreten Fall ganz bestimmte Rechtsfolgen anordnen zu können.

Unfruchtbar wäre es in diesem Zusammenhang, von einem einheitlichen Anspruch zu sprechen, der auf die Aufhebung eines rechtswidrigen Verwaltungsakts und auf die Beseitigung der Folgen gerichtet ist. Dadurch wird nur verdeckt, daß sich das Gemeinsame an beiden Ansprüchen auf ihren Geltungsgrund beschränkt, während sie in Voraussetzungen und Rechtsfolgen durchaus voneinander abweichen. In einem solchen Fall ist es aber richtig, von zwei Ansprüchen zu sprechen. Dies vermeidet auch Schwierigkeiten, wenn es etwa darum geht, daß die Durchsetzung des Aufhebungsanspruchs der Geltendmachung des Fol-

---

[7] *Esser*, Grundsatz und Norm in der richterlichen Fortbildung des Privatrechts, S. 50.

[8] *Naumann*, Vom vorbeugenden Rechtsschutz im Verwaltungsprozeß, S. 398 f.; *Ringe*, DVBl. 58, 834. In der Rechtsprechung: OVG Hamburg, DVBl. 51, 472 und sinngemäß: OVG Hamburg, VRspr. 9, 635. Zu erwähnen ist hier auch *Bettermanns* Beseitigungsanspruch (oben A III 1), der an die widerrechtliche Beeinträchtigung einer Rechtsstellung anknüpft und sowohl auf die Aufhebung des belastenden Verwaltungsakts, als auch auf Folgenbeseitigung gerichtet ist. Auch *Bachof*, JZ 66, 11 (643), hält eine dogmatische Einordnung des Folgenbeseitigungsanspruchs in einen „umfassenderen Unterlassungs- und Beseitigungsanspruch" für möglich.

VI. Ableitung eines Aufhebungs- und Folgenbeseitigungsanspruchs

genbeseitigungsanspruchs voranzugehen hat, weil auch der fehlerhafte Verwaltungsakt bis zu seiner Vernichtung voll rechtswirksam ist und so lange auch seine Folgen zu tragen vermag[9].

Wenden wir uns also zuerst der Prüfung des rechtlichen Charakters des allgemeinen Unterlassungs- und Beseitigungsanspruchs zu, wie er unmittelbar aus der Verletzung des status negativus entspringt. Gemeint ist die Frage nach dem „Geltungsgrad" als unmittelbar anzuwendender positiver Rechtssatz, als allgemeiner Rechtsgedanke, als Rechtsprinzip *(Esser)*, als Rechtsgrundsatz *(Wolff)*, als nur direktiver Grundsatz oder als rein dogmatischer Oberbegriff ohne Geltungskraft. Die beiden letzten Möglichkeiten wird man ausschließen können. Wir haben den allgemeinen Unterlassungs- und Beseitigungsgrundsatz aus dem Grundsatz des Vorbehaltes des Gesetzes abgeleitet, wie er seinen Niederschlag in Art. 2 und Art. 14 GG, in den Gesetzesvorbehalten der Grundrechte und im Vorrang des Gesetzes (Art. 20 III GG) gefunden hat. Sonach geht es hier nicht um einen dogmatischen Oberbegriff von nur rechtstheoretischer Bedeutung. Im Hinblick auf Art. 1 III und Art. 20 GG wird man auch nicht von einem bloßen Programmsatz sprechen können, zumal sich der Unterlassungs- und Beseitigungsgrundsatz gar nicht in erster Linie direktiv an den Gesetzgeber wendet. Auch handelt es sich bei unserem Grundsatz nicht um einen sog. allgemeinen Rechtsgedanken[10]. Während allgemeine Rechtsgedanken dadurch gekennzeichnet sind, daß sie auf verschiedenen Rechtsgebieten gleichermaßen gelten, muß der Unterlassungs- und Beseitigungsgrundsatz, wie wir ihn aus dem Verhältnis Bürger — Staat gewonnen haben, auf das öffentliche Recht beschränkt bleiben.

Auf der anderen Seite kann man den allgemeinen Unterlassungs- und Beseitigungsgrundsatz nicht als unmittelbar anwendbaren Rechtssatz qualifizieren. Dafür fehlt es ihm an einer hinreichenden „Sinngewißheit"[11], das heißt, es fehlt an der notwendigen Konkretisierung des Tatbestandes- und des Rechtsfolgenteils, die eine rechtssichere Subsumption und Rechtsfolgenbestimmung zuließe. Wir haben es also mit einer Fundamentalnorm zu tun, die ihrer Struktur nach einem Rechtsgrundsatz im Sinne *Wolffs*[12] entspricht, und aus der konkrete Rechts-

---

[9] Vielleicht verkennt *Bettermann*, DÖV 55, 528 ff., dies gerade deshalb, weil er nur von *einem* „quasinegatorischen Wiederherstellungsanspruch" ausgeht. Vgl. dazu *Ringe*, DVBl. 58, 378 und 834.

[10] Dazu *Schack*, Analogie und Verwendung allgemeiner Rechtsgedanken bei der Ausfüllung von Lücken in den Normen des Verwaltungsrechts, S. 273 ff.

[11] *Wolff*, Rechtsgrundsätze und verfassungsgestaltende Grundentscheidungen als Rechtsquellen, S. 43.

[12] *Wolff*, Rechtsgrundsätze und verfassungsgestaltende Grundentscheidungen als Rechtsquellen, S. 43, und Verwaltungsrecht I, S. 101 ff. Der Begriff

sätze erst abgeleitet werden müssen[13]. Inhaltlich unterscheidet sie sich allerdings von den Rechtsgrundsätzen *Wolffs* dadurch, daß sie nicht unmittelbar aus dem „Rechtsprinzip" abgeleitet ist[14], sondern aus der Ordnung des Verhältnisses Bürger — Staat unter dem Grundgesetz. Damit ist der Unterlassungs- und Beseitigungsgrundsatz am nächsten verwandt mit den Rechtsgrundsätzen der Verfassung, „die zwar aktuelles objektives Recht schaffen (also nicht den Charakter bloßer Programmsätze haben), aber wegen des Mangels ihrer inhaltlichen Bestimmtheit der näheren Konkretisierung bedürfen"[15].

Wie kommen wir nun zu einer näheren Konkretisierung des Unterlassungs- und Beseitigungsgrundsatzes? Konkretisierung würde hier bedeuten eine „Präzisierung, in der die in (ihm) enthaltene Interessenabwägung für typische konkrete Interessenlagen zum Ausdruck gebracht wird"[16]. Der Grundsatz muß dazu mit typischen Sachverhalten konfrontiert werden, von denen her er dann seine spezielle Formulierung erhält. Der Anwendungsbereich des Grundsatzes wird dadurch eingeengt und gleichzeitig ein sinngewisser Rechtssatz gewonnen, der eine „verbindliche Weisung unmittelbarer Art für einen bestimmten Fragenbereich enthält"[17]. *Wolff* hat für diesen Vorgang die Formel aufgestellt: „Rechtsgrundsatz + besonderer typischer Sachverhalt = Rechtssatz"[18]. Daran muß sich allerdings sogleich die Frage knüpfen, wie weit der allgemeine Grundsatz „positive Quelle positiven Rechts"[19] sein

---

„allgemeiner Rechtsgrundsatz" wird in verschiedener Bedeutung gebraucht. Eine philosophisch-rechtstheologische Grundlegung findet sich bei *Erik Wolf,* Die Natur der allgemeinen Rechtsgrundsätze. *Heller,* Staatslehre, S. 222, spricht von ethischen Rechtsgrundsätzen, die allgemeine Richtlinien geben, „auf Grund deren der Rechtszustand unter den Rechtsgenossen hergestellt werden soll". Zu den allgemeinen Rechtsgrundsätzen im Sinne des Art. 38 des Status des Weltgerichtshofes vgl. *Laun,* Allgemeine Rechtsgrundsätze; *Schwarzenberger,* Einführung in das Völkerrecht, S. 28 f.

[13] Vgl. dazu schon *Georg Jellinek,* System der subjektiven öffentlichen Rechte, S. 92.

[14] *Wolff,* Rechtsgrundsätze und verfassungsgestaltende Grundentscheidungen als Rechtsquellen, S. 39 ff. Aus dem Rechtsprinzip leitet *Wolff* etwa als besonderen Rechtsgrundsatz das Verbot ab, „die Rechtsstellung von Personen ohne rechtlichen Grund zu beeinträchtigen" (S. 41). Dieser Satz ergibt sich aber schon aus dem Grundgesetz (vgl. oben, V), so daß es einer — immer subsidiären (*Wolff,* S. 47) — Ableitung aus dem Rechtsprinzip nicht bedarf.

[15] *Wintrich,* Über Eigenart und Methode verfassungsrechtlicher Rechtsprechung, S. 229.

[16] *Wolff,* Rechtsgrundsätze und verfassungsgestaltende Grundentscheidungen als Rechtsquellen, S. 44.

[17] *Esser,* Grundsatz und Norm in der richterlichen Fortbildung des Privatrechts, S. 50; vgl. auch JZ 53, 521 (526).

[18] *Wolff,* Rechtsgrundsätze und verfassungsgestaltende Grundentscheidungen als Rechtsquellen, S. 44.

[19] *Wolff,* Rechtsgrundsätze und verfassungsgestaltende Grundentscheidungen als Rechtsquellen, S. 46.

VI. Ableitung eines Aufhebungs- und Folgenbeseitigungsanspruchs

kann. Können aus dem Grundsatz positive Rechtssätze abgeleitet werden, oder gewinnen solche Rechtssätze erst durch den „volitiven Akt"[20] des Richters ihre Positivität als Richterrecht? Muß gar die Umsetzung des Grundsatzes in Rechtssätze dem Gesetzgeber überlassen bleiben[21]? Das Problem von Grundsatz und Norm in der richterlichen Fortbildung des Verwaltungsrechts kann und soll hier nicht vertieft werden, wo es um die unmittelbare Ableitung positiver Rechtssätze aus dem Unterlassungs- und Beseitigungsgrundsatz geht. Diese ist jedenfalls insoweit möglich, als sich bei der Befragung des Grundsatzes im Hinblick auf konkrete Sachverhalte unter Berücksichtigung aller Umstände überzeugende und eindeutige Antworten ergeben. Soweit kann der Grundsatz Quelle positiver Rechtssätze sein. Was darüber hinausgeht, fällt dem Gesetzgeber und in gewissem Umfang dem Richter zu[22]. Die so gezogene Grenze ist zwar nicht unscharf, aber nicht ohne weiteres zu erkennen. Sie bedarf behutsamer Annäherung.

Der Unterlassungs- und Beseitigungsgrundsatz geht aus von einer Verletzung des Freiheitsstatus des einzelnen durch den Staat. Der Grundsatz wird nun danach zu differenzieren sein, wie die Verletzung zu qualifizieren ist. Der status negativus kann nicht nur durch einen Eingriff rechtlicher Art (Verwaltungsakt), sondern auch durch einen Eingriff tatsächlicher Art verletzt werden. Zur Präzisierung des Unterlassungs- und Beseitigungsanspruchs bietet sich daher die Unterscheidung in Verletzungen durch Verwaltungsakte und Verletzungen durch Eingriffe tatsächlicher Art an, wobei die zweite Gruppe noch einmal danach differenziert werden kann, ob der tatsächliche Eingriff sich als Vollzug eines Verwaltungsakts darstellt oder nicht[23].

---

[20] *Esser*, Grundsatz und Norm in der richterlichen Fortbildung des Privatrechts, S. 245 und passim. Dazu *Rupp*, Grundfragen der heutigen Verwaltungsrechtslehre, S. 189 FN. 272. Vgl. auch *Wintrich*, Über Eigenart und Methode verfassungsrechtlicher Rechtsprechung, S. 230.

[21] Vgl. *Georg Jellinek*, System der subjektiven öffentlichen Rechte, S. 92 f., der auf die allgemeinen Grundrechte bezogen sagt: „Derartige Prinzipien verlangen nämlich, sofern sie nicht bloß abolierend wirken sollen, genauer legislatorischer, die Fülle des Lebens berücksichtigender Durchbildung". Übernehme der Richter diese Durchbildung, so sei dies „verfassungswidrige Willkür".

[22] Vgl. *Wolff*, Rechtsgrundsätze und verfassungsgestaltende Grundentscheidungen als Rechtsquellen, S. 45 f.

[23] Unerörtert bleibt in diesem Zusammenhang die Möglichkeit, in allen tatsächlichen Eingriffen implicite einen Verwaltungsakt des Inhalts zu sehen, den Eingriff zu dulden (vgl. *W. Jellinek*, Verwaltungsrecht, S. 258; *Forsthoff*, Verwaltungsrecht, S. 191 f.). Diese Konstruktion ist gekünstelt (vgl. das Beispiel bei *W. Jellinek*, wonach selbst die Warnungen der Polizeibehörde vor dem Geschäftsgebaren eines bestimmten Kaufmanns kraft des ihnen zugrunde liegenden Duldungsbefehls Verwaltungsakte sein können) und nur unter dem Gesichtspunkt des Rechtsschutzes gerechtfertigt. Da heute Rechtsschutz auch bei tatsächlichen Eingriffen gewährt wird, bestehen keine Bedenken, diese Konstruktion preiszugeben. Ebenso *Evers*, DVBl. 65, 449; *Renck*, NJW 66, 1247.

Dabei kann sich die weitere Untersuchung auf den Beseitigungsteil des Unterlassungs- und Beseitigungsgrundsatzes beschränken, auf den es für den Folgenbeseitigungsanspruch allein ankommt. Der Unterlassungsanspruch und die Unterlassungsklage weisen in materieller und prozessualer Hinsicht besondere Probleme auf, die zum Teil anders gelagert sind als beim Beseitigungsanspruch und hier nicht behandelt werden können[24].

Für den Fall einer Statusverletzung durch Verwaltungsakt bietet die Anfechtungsklage, wie sie in den §§ 42, 113 I 1 VwGO geregelt ist, eine wesentliche Orientierungshilfe[25]. Hat der Verwaltungsakt den Kläger in seinen Rechten verletzt (Statusverletzung!), so hebt das Gericht den Verwaltungsakt auf. Dabei kann die Gestaltung des materiellen Aufhebungsanspruchs nicht unmittelbar diesen Vorschriften entnommen werden, da „sich die Verwaltungsgerichtsordnung bewußtermaßen mit diesen materiellrechtlichen Elementen nicht befaßt"[26]. Jedoch lassen sich gewisse Schlüsse auf den materiellen Anspruch ziehen. Liegt der Anfechtungsklage ein materieller Anspruch zugrunde, und wird dieser Anspruch dadurch durchgesetzt, daß der Richter den angefochtenen Verwaltungsakt aufhebt, so kann der materielle Anspruch nur auf die Aufhebung des Verwaltungsakts gerichtet sein. Daß der Richter selbst den Verwaltungsakt aufhebt, entspringt allein „prozeß- und vollstreckungsökonomischen Gesichtspunkten"[27]. Wenn sich daher der prozessuale Anspruch als Gestaltungsbegehren darstellt, so darf dies nicht darüber täuschen, daß der materielle Anspruch auf die Aufhebung des Verwaltungsakts durch die Verwaltungsbehörde gerichtet ist.

Der allgemeine Beseitigungsgrundsatz läßt sich also für die Statusverletzungen durch Verwaltungsakt etwa folgendermaßen präzisieren: Wenn der Staat oder ein anderer Hoheitsträger jemanden durch einen Verwaltungsakt in seinem Freiheitsstatus verletzt, so hat er den Verwaltungsakt aufzuheben.

Dem einzelnen erwächst also ein Beseitigungsanspruch. Die Aufhebung des Verwaltungsakts bedeutet die Beseitigung des statusverletzenden Aktes durch einen actus contrarius. Der Staat, der in den geschützten Bereich des einzelnen eingegriffen hat, muß — bildlich gesprochen — die Hand zurückziehen und so die Integrität des status wiederherstellen. Rechtsfolge des Aufhebungsanspruchs ist also eine

---

[24] Insoweit sei auf *Rupp*, Grundfragen der heutigen Verwaltungsrechtslehre, S. 164, verwiesen.
[25] Ebenso: *Rupp*, Grundfragen der heutigen Verwaltungsrechtslehre, S. 254.
[26] *Rupp*, AöR 85, 149 (151). Ebenso die Amtliche Begründung zu § 114 des Regierungsentwurfs zur VwGO, Verhandlungen des Deutschen Bundestages, 3. Wahlperiode, Drucksache 55, S. 43.
[27] *Rupp*, Grundfragen der heutigen Verwaltungsrechtslehre, S. 254; ebenso schon AöR 85, 149/301 (313).

VI. Ableitung eines Aufhebungs- und Folgenbeseitigungsanspruchs

Restitution, keine Kompensation (Schadensersatz in Geld oder Entschädigung).

Wie steht es nun mit dem Beseitigungsgrundsatz, wenn der Staat durch die Vollziehung eines rechtswidrigen Verwaltungsakts in den Freiheitsstatus des Bürgers eingreift? Auch für diesen Fall stellt die Verwaltungsgerichtsordnung eine prozessuale Möglichkeit zur Verfügung, die für unsere Problematik grundsätzlich der Anfechtungsklage entspricht. Nach § 113 I 2 VwGO kann das Gericht, wenn der aufzuhebende (Satz 1) Verwaltungsakt schon vollzogen ist, auf Antrag aussprechen, daß und wie die Verwaltungsbehörde die Vollziehung rückgängig zu machen hat. Hier ist die Regelung also so, daß — anders als bei der Aufhebung des Verwaltungsakts — die Verpflichtung der Verwaltungsbehörde offenkundig bleibt[28]. Die Formulierung läßt allerdings nicht ebenso klar wie bei der Aufhebung des Verwaltungsakts in Satz 1 erkennen, was unter Rückgängigmachung der Vollziehung zu verstehen sei. Eine Bestimmung des zugrunde liegenden materiellen Anspruchs scheint daher nicht ohne weiteres möglich[29]. Hat man jedoch erkannt, daß es sich bei diesem Anspruch ebenfalls um einen Anwendungsfall des Beseitigungsgrundsatzes auf eine Statusverletzung handelt, so kann man § 113 I 2 VwGO von Satz 1 her interpretieren. Da es grundsätzlich denkbar ist, daß ein statusverletzender Verwaltungsakt aufrechterhalten bliebe und lediglich durch Schadensersatz oder Entschädigung kompensiert würde, ist der Schluß möglich, daß die Rechtsfolge der reinen Restitution nicht den Besonderheiten eines Eingriffs durch Verwaltungsakt zuzuschreiben ist, sondern allgemein dem Beseitigungsgrundsatz entspringt. Demnach muß es sich auch bei Rückgängigmachung der Vollziehung um einen rein restitutiven Akt handeln. Der Anspruch richtet sich auch hier nicht auf Schadensersatz oder Entschädigung, sondern auf Beseitigung der unmittelbaren Vollzugsfolgen, d. h. dessen, was von dem Verwaltungsakt im Wege der Vollziehung (evtl. Erfüllung) realisiert worden ist. Im Grunde sind also nicht die Folgen des Eingriffs zu beseitigen, sondern der Eingriff selbst, wie ihn die Behörde beim Vollzug des Verwaltungsakts herbeigeführt hat. Die Kontrolle kann von dem vollzogenen Verwaltungsakt her erfolgen: Zu beseitigen sind die Beeinträchtigungen, die der Verwaltungsakt angeordnet hat. Darüber hinaus gehende (mittelbare) Schäden werden vom Beseitigungsanspruch nicht erfaßt[30], da sie jenseits der eigentlichen Statusver-

---

[28] Die Natur des erstrebten Erfolges — Beseitigung tatsächlicher Akte — läßt eine andere Lösung kaum zu.
[29] Aus diesem Grunde hat wohl *Rupp*, Grundfragen der heutigen Verwaltungsrechtslehre, S. 249 ff., § 113 I 2 VwGO nicht für die Bestimmung seines Reaktionsanspruchs herangezogen, sondern sich allein auf Satz 1 gestützt.
[30] Ebenso *Rupp*, Grundfragen der heutigen Verwaltungsrechtslehre, S. 261, und im Ergebnis die herrschende Meinung zum Folgenbeseitigungsanspruch.

letzung liegen und erst aus ihr hervorgehen. Für sie ist in dem an der Anfechtungsklage orientierten — und das ist die einzige Orientierungsmöglichkeit[31] — Beseitigungsanspruch kein Platz.

Für Statusverletzungen bei der Vollziehung eines rechtswidrigen Verwaltungsakts kann der Beseitigungsgrundsatz also dahin präzisiert werden: Wenn der Staat oder ein anderer Hoheitsträger jemanden durch den Vollzug eines rechtswidrigen Verwaltungsakts in seinem Freiheitsstatus verletzt, so hat er den Vollzug rückgängig zu machen, den primären Vollzugserfolg zu beseitigen.

Schließlich kann die Beeinträchtigung des status rein tatsächlich sein, ohne daß es sich um den Vollzug eines Verwaltungsakts handelt. Für diesen Fall bietet die Verwaltungsgerichtsordnung keine prozessuale Hilfestellung an. Auf Grund des einheitlichen Beseitigungsgrundsatzes können wir aber „die Leitlinien, die das Prozeßrecht zur Entwicklung der subjektiven Reaktionsrechte ... beitragen konnte"[32], überschreiten und parallel zu diesen Leitlinien vorgehen. Danach müssen wir den allgemeinen Beseitigungsgrundsatz zu folgendem dritten Rechtssatz präzisieren: Wenn der Staat oder ein anderer Hoheitsträger jemanden durch tatsächliche Beeinträchtigungen in seinem Freiheitsstatus verletzt, so hat er diese Beeinträchtigungen rückgängig zu machen.

Diese drei Beseitigungsansprüche lassen sich unter Heranziehung verwaltungsprozessualer Institutionen aus dem allgemeinen Beseitigungsgrundsatz und damit aus dem Verhältnis Bürger — Staat, wie es sich im Licht des Grundgesetzes zeigt, ableiten. Der erste, auf eine Statusverletzung durch Verwaltungsakt folgende Beseitigungsanspruch ist der Aufhebungsanspruch, der der Anfechtungsklage zugrunde liegt. In dem zweiten Beseitigungsanspruch, der gegen Maßnahmen zum Vollzug eines Verwaltungsakts gerichtet ist, erkennt man unschwer den Folgenbeseitigungsanspruch im Ausgangsfall *Bachofs*. Ob man diesen Folgenbeseitigungsanspruch über den Vollzug eines Verwaltungsakts hinaus auf die Beseitigung rein tatsächlicher Beeinträchtigungen ausdehnen will, erscheint somit vom Anspruchscharakter und von der Begründung her als Zweckmäßigkeitsfrage. Im Hinblick auf die vereinfachte Geltendmachung des (engen) Folgenbeseitigungsanspruchs nach § 113 I 2, 3 VwGO empfiehlt es sich, beide Ansprüche getrennt zu halten und neben dem Folgenbeseitigungsanspruch von einem „tatsächlichen Beseitigungsanspruch" zu sprechen[33].

---
[31] Vgl. *Rupp*, Grundfragen der heutigen Verwaltungsrechtslehre, S. 144.
[32] *Rupp*, Grundfragen der heutigen Verwaltungsrechtslehre, S. 249.
[33] Im Grunde stellt sich der Folgenbeseitigungsanspruch als Unterfall eines „tatsächlichen Beseitigungsanspruchs" im weiteren Sinne dar (vgl. oben Anm. 23), von dem nach Abzug des Folgenbeseitigungsanspruchs der „tatsächliche Beseitigungsanspruch" im engeren Sinne verbliebe.

VII. Zusammenfassung und Einzelfragen zum Folgenbeseitigungsanspruch

Der Folgebeseitigungsanspruch läßt sich nach alledem nur im Zusammenhang mit den anderen Beseitigungsansprüchen verstehen, die wir aus dem allgemeinen Beseitigungsgrundsatz abgeleitet haben. Er entspring dem freiheitlich-individuumfreundlich konzipierten Bürger — Staat Verhältnis des Grundgesetzes und entsteht als Reaktion auf eine Verletzung des status negativus. Erst von hier aus lassen sich mit der nötigen Klarheit und Konsequenz einzelne Fragen beantworten, die in Rechtsprechung und Literatur häufig genug mit unbegründeten Behauptungen gelöst bzw. nicht gelöst werden. Dabei wollen wir uns jetzt wieder auf den eigentlichen Gegenstand der Untersuchung, den Folgenbeseitigungsanspruch, beschränken.

1. Die Voraussetzungen des Folgenbeseitigungsanspruchs

Als Reaktion auf eine Statusverletzung entsteht der Folgenbeseitigungsanspruch dann, wenn jemand durch den Vollzug (oder auch die Erfüllung) eines Verwaltungsakts in seiner Rechtsstellung verletzt wird. „Verletzt" bedeutet dabei ein Doppeltes: Einen Eingriff in die Rechtsstellung und das Unerlaubte dieses Eingriffs. Ein Eingriff in die Rechtsstellung liegt immer dann vor, wenn wir von einem belastenden Verwaltungsakt sprechen[1]. Der Eingriff stellt eine Verletzung dar, wenn der Betroffene ihn im Ergebnis nicht dulden muß.

Dabei sind verschiedene Fallgestaltungen denkbar.

Der Hauptfall bleibt der, daß ein rechtswidriger Verwaltungsakt vollzogen wird. Hier ist der Betroffene nicht nur durch den Verwaltungsakt, sondern auch und gerade durch dessen Vollzug in seiner Rechtsstellung verletzt. Ihm erwächst daher ein Folgenbeseitigungsanspruch, und zwar unmittelbar mit dem Eingriff[2]. Denn die Rechtswirksamkeit des Verwaltungsakts ändert nichts an seiner Rechtswidrigkeit und steht daher nur der Geltendmachung, nicht der Entstehung des Folgenbeseitigungsanspruchs entgegen.

---

[1] *Wolff*, Verwaltungsrecht I, S. 275.

[2] Dagegen kann es sein, daß der Betroffene den Eingriff vorläufig dulden muß. Dazu kommt es im Zusammenhang mit der sog. Vermutung der Gültigkeit eines Verwaltungsakts und damit, daß der vorläufige Vollzug eines rechtswidrigen Verwaltungsakts — soweit er nicht selbst fehlerhaft ist — durchaus rechtmäßig ist (vgl. *Bachof*, Vornahmeklage, S. 127). Das ändert aber nichts an der Rechtswidrigkeit des Eingriffs und der Tatsache, daß ihn der Betroffene nicht bestehen lassen muß. *Lassar*, Der Erstattungsanspruch, S. 179 ff., spricht in diesem Zusammenhang von relativer Rechtswidrigkeit.

Die Rechtswidrigkeit des Verwaltungsakts braucht nicht unbedingt von Anfang an zu bestehen. Die Aufrechterhaltung eines Verwaltungsakts, der noch nicht vollzogen ist, oder eines Verwaltungsakts mit Dauerwirkung kann nachträglich rechtswidrig werden, sei es durch eine Gesetzesänderung, sei es durch die Änderung der den Verwaltungsakt tragenden Tatsachenlage[3]. Wird ein rechtmäßiger Verwaltungsakt vor seiner Vollstreckung in diesem Sinne rechtswidrig, so steht dem Betroffenen ein Aufhebungsanspruch zu. Wird der Verwaltungsakt noch vollzogen, so ist die Situation die gleiche, wie wenn er von Anfang an rechtswidrig gewesen wäre: Es entsteht ein Folgenbeseitigungsanspruch.

Wird weiter die Aufrechterhaltung eines zunächst rechtmäßigen Verwaltungsakts mit Dauerwirkung nach seinem Vollzug rechtswidrig, so liegt von diesem Zeitpunkt an eine Verletzung der Rechte des Betroffenen sowohl durch den Verwaltungsakt, als auch durch den andauernden Vollzug (die andauernden Vollzugsfolgen) vor. „Solange der Verwaltungsakt noch von dem Betroffenen ein künftiges Verhalten verlangt, solange er noch „lebt", handelt es sich eben ... nicht (nur) um einen in der Vergangenheit erfolgten behördlichen Eingriff, sondern um einen noch durchaus gegenwärtigen"[4]. Auch hier entsteht dem in seinen Rechten verletzten Bürger ein Folgenbeseitigungsanspruch.

Ein Folgenbeseitigungsanspruch entsteht aber auch dann, wenn der vollzogene Verwaltungsakt nichtig war[5]. Den Vollzug eines solchen Verwaltungsakts hat der Bürger erst recht nicht zu dulden. Da hier nur scheinbar ein Verwaltungsakt vorliegt, wird in diesem Fall die Grenze zum „tatsächlichen Beseitigungsanspruch" berührt[6].

In noch stärkerem Maße gilt dies dann, wenn ein Verwaltungsakt vollzogen wird, obwohl er bereits durch Aufhebung, Fristablauf oder Bedingungseintritt weggefallen ist. Hier liegt der Rechtsmangel, der zu einer Statusverletzung führt, nicht beim Verwaltungsakt, sondern allein beim Vollzugsakt. Dieser Fall ist daher nicht dem Folgenbeseitigungsanspruch, sondern dem „tatsächlichen Beseitigungsanspruch" zuzurechnen. Ähnlich ist die Situation dann, wenn ein bereits vollzogener rechtmäßiger Verwaltungsakt aus irgendeinem Grunde entfällt, seine Vollzugsfolgen aber bestehen bleiben. Auch dann kann eine mögliche Ver-

---

[3] *Bachof*, JZ 54, 416 ff.; JZ 58, 301 ff.; JZ 66, 140 und die dort besprochene Entscheidung des BVerwG; JZ 66, 11 (398); *Wolff*, Verwaltungsrecht I, S. 302, 322; *Rupp*, Rechtsschutz im Sozialrecht, S. 173 ff.
[4] *Bachof*, JZ 54, 416 (420).
[5] So in der Rechtsprechung zuletzt OVG Münster, NJW 64, 1872.
[6] Ein wesentlicher Unterschied liegt jedoch darin, daß der Vollzug eines nichtigen Verwaltungsakts den Mangel übernimmt und deshalb rechtswidrig ist, während bei rein tatsächlichen Beeinträchtigungen die Rechtswidrigkeit selbständig begründet sein muß.

VII. Zusammenfassung und Einzelfragen zum FBA

letzung nicht auf den entfallenen Verwaltungsakt zurückgeführt werden, der ja rechtmäßig war, sondern liegt in der Aufrechterhaltung der Vollzugsfolgen durch die Behörde[7]. Auch hier sollte man daher nicht mehr vom Folgenbeseitigungsanspruch sprechen. Die Unterscheidung ist, wie wir sahen, ohne Einfluß in der Sache, da sich Folgenbeseitigungsanspruch und „tatsächlicher Beseitigungsanspruch" inhaltlich entsprechen. Sie erscheint aber deshalb zweckmäßig, weil sich dann die Fälle des Folgenbeseitigungsanspruchs dadurch auszeichnen, daß sie die Rechtswidrigkeit der Beeinträchtigung aus der Fehlerhaftigkeit (im weiteren Sinne) des vollzogenen Verwaltungsakts beziehen und prozessual nach § 113 I 2, 3 VwGO verfahren werden kann[8]. Auch entspricht eine solche Abgrenzung der ursprünglichen Verwendung des Begriffes Folgenbeseitigungsanspruch bei *Bachof*[9].

Zu untersuchen bleibt die Frage, ob auch die rechtswidrige Ablehnung eines Antrages einen Folgenbeseitigungsanspruch auslösen kann. Dabei ist zu beachten, daß sich die Verpflichtung der Behörde zum Erlaß des Verwaltungsakts oder zur Vornahme einer sonstigen Amtshandlung auch nach einer rechtswidrigen Ablehnung grundsätzlich nach allgemeinen Regeln richtet. War die Behörde zum Erlaß des Verwaltungsakts verpflichtet, so besteht diese Verpflichtung weiter; konnte die Behörde nach freiem Ermessen entscheiden, so trifft sie auch jetzt noch und nur eine Bescheidungspflicht (vgl. § 113 IV VwGO). Für die Vornahme anderer Amtshandlungen gilt dasselbe. Mit der Frage eines Folgenbeseitigungsanspruchs hat dies nichts zu tun. Die Nichtvornahme der beantragten Amtshandlung ist ja auch keine Folge der Ablehnung, sondern die Ablehnung selbst[10]. Unmittelbare Folgen wie ein positiver

---

[7] Nach *Obermayer*, JuS 63, 110 (115), hat in diesem Fall nicht die Behörde die Rechtswidrigkeit der Tatsachenlage zu verantworten, sondern — in seinem Beispiel — der eingewiesene Obdachlose, der der hoheitlichen Anordnung zur Räumung der Wohnung nicht nachgekommen ist. Der Wohnungsinhaber habe aber ein Recht auf Vollstreckung dieser Anordnung gegen den Obdachlosen. Dem kann nicht zugestimmt werden. Entscheidend ist nicht das Verhalten des Eingewiesenen (wenn das „Vollziehungsobjekt" keine Person ist?), sondern die Tatsache, daß er ohne die Tätigkeit der Behörde nie in die Wohnung gekommen wäre und die Behörde daher die Rechtsstellung des Wohnungsinhabers verletzt, wenn sie ihn nach Wegfall der Einweisungsverfügung nicht aus den Räumen herausnimmt.

[8] Dies gilt auch bei einem nichtigen Verwaltungsakt, da auch ein solcher mit der Anfechtungsklage angegriffen werden kann: *Wolff*, Verwaltungsrecht I, S. 300; *Bachof*, JZ 66, 11 (396); BVerwGE 18, 154; VGH Bad.-Württ., VRspr. 13, 236; *Schunck - De Clerck*, Anm. 6 zu § 43 VwGO; *Klinger*, Anm. C I, 2 zu § 43 VwGO; *Redeker - v. Oertzen*, Rdn. 11 zu § 42 VwGO; *Koehler*, Anm. VIII zu § 43 VwGO; — *Eyermann - Fröhler*, Rdn. 18 ff. zu § 43 VwGO. So schon die amtliche Begründung, Verhandlungen des Deutschen Bundestages, 3. Wahlperiode, Drucksache 55, zu § 42 des Entwurfes.

[9] Vornahmeklage, S. 98 f.

[10] Unrichtig daher *Wolff*, Verwaltungsrecht I, S. 329, der unter dem Gesichtspunkt des Folgenbeseitigungsanspruchs die Behörde verpflichtet, einen

Verwaltungsakt kennt die Ablehnung ihrem Wesen nach nicht. Denn die Behörde weigert sich dabei gerade, in irgendeiner Form einzugreifen. Aus der Ablehnung entstehende Schäden (z. B. Gewinnausfall bei Konzessionsverweigerung) fallen daher in den Bereich der mittelbaren Folgen, für den der Folgenbeseitigungsanspruch nicht gegeben ist. Hat die Behörde statt einer ausdrücklichen Ablehnung den Verwaltungsakt oder die Amtshandlung schlicht unterlassen, so kann nichts anderes gelten.

Das Problem eines Folgenbeseitigungsanspruchs nach rechtswidriger Ablehnung oder Verzögerung eines Antrags ist von besonderer Bedeutung für die Fälle, in denen zwischen Ablehnung und verwaltungsgerichtlicher Entscheidung der Anspruch des Antragstellers durch eine Änderung der Sach- oder Gesetzeslage entfällt. Ob die Behörde nun verpflichtet ist, den Antragsteller so zu stellen, wie er bei richtiger Behandlung seines Antrages stehen würde, ist keine Frage der maßgeblichen Sach- und Rechtslage für das verwaltungsgerichtliche Verpflichtungsurteil[11], sondern des materiellen Rechts[12]. Zum Teil wird ein dahingehender Folgenbeseitigungsanspruch bejaht[13]. Dem kann nach dem oben Gesagten nicht zugestimmt werden. Daß nach der neuen Sach- oder Gesetzeslage ein Anspruch des Antragstellers nicht mehr besteht, ist keine Folge der Ablehnung, auf deren Beseitigung ein Folgenbeseitigungsanspruch gehen kann. Dieser ist auf solche Folgen beschränkt, deren Herbeiführung der Verwaltungsakt befiehlt. Wollte man anders entscheiden, so müßte man einen Folgenbeseitigungsanspruch auch dann geben, wenn die Behörde den Erlaß des Verwaltungsakts nicht ausdrücklich abgelehnt, sondern einfach unterlassen hat. Da das Schweigen der Behörde in aller Regel nicht als ablehnender Verwaltungsakt angesehen werden kann[14], käme man zu einem Folgenbeseitigungsanspruch ohne Zusammenhang mit einem Verwaltungsakt, wodurch das Institut jede feste Kontur verlieren müßte.

Damit soll allerdings nicht die Möglichkeit ausgeschlossen werden, die Behörde unter anderen rechtlichen Gesichtspunkten zu verpflichten, den Antragsteller so zu stellen, wie wenn sein Antrag vor der Sach- oder Gesetzesänderung beschieden worden wäre. Hierzu sind schon ver-

---

Zustand herzustellen, „dessen Ablehnung seitens der Behörde durch das Verwaltungsgericht als rechtswidrig aufgehoben worden ist".

[11] So aber OVG Lüneburg, OVGE 18, 501; *Redeker - v. Oertzen*, Rdn. 23 zu § 108 VwGO.

[12] *Czermak*, BayVBl. 65, 93; wohl auch *Eyermann - Fröhler*, Rdn. 14 zu § 113 VwGO.

[13] Vgl. oben A II Anm. 76 f.

[14] Vgl. die Regelung des § 75 VwGO, die mit Recht auf eine solche Fiktion verzichtet.

VII. Zusammenfassung und Einzelfragen zum FBA

schiedene Vorschläge gemacht worden: Eine entsprechende Auslegung des jeweiligen Gesetzes[15], die Anwendung der „allgemein gültigen Rechtsgrundsätze des § 162 BGB"[16], eine „allgemeine Restitutionsnorm" im Anschluß an *Menger*[17] oder auch nur „rechtsstaatliche Erwägungen"[18] oder der Gleichheitssatz[19]. Nur vereinzelt wird eine Verpflichtung der Behörde ganz abgelehnt[20]. Die Frage nach der zutreffenden Lösung muß an dieser Stelle offen bleiben, da sie eine eigene Untersuchung erforderte. Es genügt festzustellen, daß auch in diesem Zusammenhange die Ablehnung eines Verwaltungsakts einen Folgenbeseitigungsanspruch nicht auslöst[21].

2. Der Inhalt des Folgenbeseitigungsanspruchs

Wie wir sahen, geht der Folgenbeseitigungsanspruch allein auf die „Beseitigung der statusverletzenden Beeinträchtigung"[22], die vielfach die „unmittelbare Beeinträchtigung" genannt wird[23]. Zu beseitigen sind die Beeinträchtigungen, die als Vollzug des Verwaltungsakts gesetzt wurden. Negativ formuliert umfaßt der Folgenbeseitigungsanspruch weder Schadensersatz noch Entschädigung für irgendwelche Folgeschäden, die dem Betroffenen aus dem Vollzug des Verwaltungsakts erwachsen. So sind im nachgerade klassischen Fall des Folgenbeseitigungsanspruchs[24], nämlich bei der Einweisung Obdachloser auf Grund einer fehlerhaften Verfügung, die Obdachlosen aus den in Beschlag genommenen Räumen zu entfernen. Dagegen gewährt der Folgenbeseitigungsanspruch keinen Ersatz für einen durch die Einweisung entstandenen Mietausfall oder für Schäden, die die Obdachlosen an den Räumen angerichtet haben. Ebensowenig kann in einem anderen Beispiel[25] mit dem Folgenbeseitigungsanspruch Ersatz für die Kosten erlangt

---

[15] *Eyermann - Fröhler*, Rdn. 14 zu § 113 VwGO.
[16] OVG Lüneburg, DVBl. 62, 63.
[17] *Czermak*, BayVBl. 65, 93. Vgl. *Menger*, Identität des Rechtsgrundes.
[18] BVerwG, DVBl. 61, 447; BGH, DVBl. 62, 828; OVG Lüneburg, OVGE 18, 501.
[19] *Ule*, DVBl. 63, 475.
[20] *Weyreuther*, DVBl. 64, 893.
[21] Von diesem Ergebnis her muß angenommen werden, daß das BVerwG in den einschlägigen Entscheidungen (DVBl. 59, 775; 60, 778; 61, 447) zu Recht nicht von Folgenbeseitigungsanspruch gesprochen hat und deshalb kein Widerspruch zu den Entscheidungen ZBR 60, 92 und DVBl. 63, 677 besteht, wo ein Folgenbeseitigungsanspruch bei rechtswidriger Ablehnung einer Statusverleihung abgelehnt wird. Vgl. aber dazu *Bachof*, JZ 66, 11 (643).
[22] *Rupp*, Grundfragen der heutigen Verwaltungsrechtslehre, S. 258.
[23] So OVG Münster, NJW 64, 1872.
[24] Von OVG Hamburg, MDR 49, 506, bis VG Düsseldorf, ZMR 61, 344.
[25] OVG Münster, NJW 64, 1872.

werden, die durch Eintragung und Löschung einer auf Grund unrichtiger Gewerbesteuerbescheide erwirkten Zwangshypothek entstanden sind.

Für § 113 I, 2 VwGO ist in diesem Punkt genau die gleiche Abgrenzung zu treffen wie im Fall des § 80 V, 3 VwGO, wenn das Gericht „die Aufhebung der Vollziehung" anordnet. Und so finden sich in der Literatur zu § 80 V, 3 VwGO auch — soweit überhaupt — die vom Folgenbeseitigungsanspruch her bekannten Formulierungen und Beispiele[26].

3. Folgenbeseitigungsanspruch und Erstattungsanspruch

Von dem neuen Verständnis des Folgenbeseitigungsanspruchs her kann auch das Verhältnis zum öffentlichrechtlichen Erstattungsanspruch neu durchdacht werden. Dabei ist die Frage zu klären, ob der Erstattungsanspruch nur einen Unterfall des Folgenbeseitigungsanspruchs darstellt — so die herrschende Meinung[27] — oder selbständig neben diesem steht. Entscheidend wird dafür sein, ob es sich beim Erstattungsanspruch um einen Reaktionsanspruch bei Statusverletzung handelt oder nicht. Das ist nicht ohne weiteres zu beantworten, weil *Lassar* in seiner grundlegenden Abhandlung zu diesem Thema[28] zunächst ganz auf einen Folgenbeseitigungsanspruch hinauszukommen scheint. So schreibt er bei der Entwicklung des abgabenrechtlichen Erstattungsanspruchs: „Der Anspruch ist gerichtet auf die Beseitigung der Folgen des Verwaltungsakts, der zwar in Ausübung der öffentlichen Gewalt ergangen, aber relativ rechtswidrig ist. Das ist etwas völlig anderes als der Anspruch auf Rückgewähr einer im privatrechtlichen Vermögensverkehr bewirkten abstrakten, aber causa-losen Leistung[29]." Die Veranlagung sei nämlich, wenn eine Steuerschuld nicht oder nicht in dem Umfang besteht, in dem die Veranlagung erfolgt ist, rechtmäßig im Verhältnis zu der Norm über ihre vorläufige Verbindlichkeit, rechtswidrig im Verhältnis zu den Normen über die Steuerschuld. Diese, „wenn auch nur verhältnismäßige, objektive Rechtswidrigkeit" führt *Lassar* aber dann nur zu dem Schluß: „Daher ermangelt die Zahlung, die auf Grund dieser Veranlagung erfolgt, der causa[30]." Und so lautet denn auch der von *Lassar* formulierte „Satz des allgemeinen Teils des

---

[26] Vgl. *Ule*, Verwaltungsgerichtsbarkeit, Anm. III zu § 80 VwGO. *Redeker - v. Oertzen*, Anm. 47 zu § 80 VwGO, nennen die Rückgängigmachung der Vollziehung „eine Art vorläufiger Folgenbeseitigung". Für das Recht vor der Verwaltungsgerichtsordnung weist OVG Koblenz, AS 6, 245, diese Parallele auf.

[27] Vgl. oben A II 4.

[28] Der Erstattungsanspruch im Verwaltungs- und Finanzrecht.

[29] Der Erstattungsanspruch im Verwaltungs- und Finanzrecht, S. 178.

[30] Der Erstattungsanspruch im Verwaltungs- und Finanzrecht, S. 180.

deutschen Verwaltungsrechts": „Eine causa-lose öffentliche Leistung, deren Inhalt einen Vermögenswert hat, ist demjenigen zu erstatten, auf dessen Kosten sie bewirkt ist[31]." Somit ist für *Lassar* die Rechtsgrundlosigkeit der Leistung der maßgebliche Grund für seinen Erstattungsanspruch. Davon geht auch Art. 210 wüEVRO aus[32], und so wird der Erstattungsanspruch auch heute allgemein verstanden[33].

Danach zeigt sich, daß der Erstattungsanspruch vom Folgenbeseitigungsanspruch grundsätzlich verschieden ist. Beide Ansprüche haben nicht nur einen völlig selbständigen Grund, sondern auch divergierende Anwendungsbereiche. In einer Reihe von Fällen kommen allerdings beide Ansprüche nebeneinander zum Entstehen, etwa beim Vollzug eines rechtswidrigen Veranlagungsbescheides. In anderen Fällen entsteht jedoch nur ein Erstattungsanspruch. Zahlt etwa jemand eine Steuer in der irrigen Annahme, dazu verpflichtet zu sein (zivilrechtlich: condictio indebiti), so entsteht zwar ein Erstattungs-, aber kein Folgenbeseitigungsanspruch, da von einer Statusverletzung hier keine Rede sein kann. Das gilt erst recht, wenn der Erstattungsanspruch umgekehrt einem Träger der öffentlichen Verwaltung gegenüber einer Zivilperson zusteht.

Auch ihrem Inhalt nach sind beide Ansprüche verschieden. Sind nämlich andere Gegenstände als Geld aufgewendet worden, so ist nach dem Erstattungsanspruch ihr Wert in Geld zurückzugewähren[34]. Dies ist beim Folgenbeseitigungsanspruch gerade ausgeschlossen. Auch ist beim Folgenbeseitigungsanspruch kein Raum für eine entsprechende Anwendung des § 818 III BGB, was das BVerwG für den Erstattungsanspruch immerhin offen läßt[35].

Nach alledem ist der Erstattungsanspruch kein Unterfall des Folgenbeseitigungsanspruchs[36]. Beide Ansprüche stehen vielmehr selbständig nebeneinander und können miteinander konkurrieren.

4. Die Rückenteignung

Auch die Figur der Rückenteignung, die neuerdings in §§ 102, 179 BBauG und § 57 LBeschG aufgenommen worden ist, gibt Anlaß zu fragen, ob wir es hier mit einem Fall des Folgenbeseitigungsanspruchs

---

[31] Der Erstattungsanspruch im Verwaltungs- und Finanzrecht, S. 226.
[32] „Ist eine Leistung ohne rechtlichen Grund bewirkt worden ..."
[33] Vgl. *Obermayer*, JuS 63, 110 (114); *Wolff*, Verwaltungsrecht I, S. 251; *Esser*, Schuldrecht, S. 771; *Kilian*, NJW 62, 1279. Ebenso wohl auch die etwas unscharfe Rechtsprechung des BVerwG (4, 215; 6, 1; 6, 323). Dazu *Bachof*, VerfR I, S. 275.
[34] Art. 210 wüEVRO; *Wolff*, Verwaltungsrecht I, S. 251.
[35] BVerwGE 6, 1; 6, 323. *Wolff*, Verwaltungsrecht I, S. 251.
[36] Auch nicht des „tatsächlichen Beseitigungsanspruchs".

zu tun haben. Der Rückenteignung, einer erneuten Enteignung eines enteigneten Grundstücks zugunsten des früheren Eigentümers, ging in älteren Enteignungsgesetzen[37] ein sog. Rückübereignungsanspruch voraus. Beide Institute gehen von dem Gedanken aus, daß eine Enteignung nur zu einem bestimmten Enteignungszweck erfolgen darf, der sie als auf das „Wohl der Allgemeinheit" gerichtet ausweist[38]. Wird der Zweck der Enteignung später nicht mehr verfolgt, so soll die Enteignung rückgängig gemacht werden.

Der Rückübereignungsanspruch der älteren Enteignungsegesetze war ein rein privatrechtlicher Anspruch des Enteigneten gegen den Begünstigten[39]. Insoweit kann es sich also nicht um einen Folgenbeseitigungsanspruch handeln. Dies darf aber nicht darüber hinwegtäuschen, daß die Problematik der Ausgangssituation ähnlich ist. Und so hat denn auch der BGH[40] den Rückübereignungsanspruch auf einen allgemeinen Grundsatz der Eingriffsverwaltung zurückgeführt, nach welchem behördliche Eingriffe in die Privatrechtssphäre tunlichst rückgängig zu machen sind, sobald ihr Grund entfällt[41]. Dieser Grundsatz bietet allerdings keine geeignete Grundlage für einen privatrechtlichen Rückübereignungsanspruch, sondern deutet auf einen öffentlichrechtlichen Anspruch gegenüber der Behörde hin.

Einen solchen öffentlichrechtlichen Anspruch haben erst die neueren Enteignungsgesetze gebracht[42]: § 3 RSiedlG i. d. F. des BVFG[43], § 51 BaulandBG[44], § 43 I Nr. 2 BLG und die bereits genannten Normen des LandBG[45] und des BBauG[46]. Dieser öffentlichrechtliche Rückenteig-

---

[37] Z. B.: § 59 Bad. EnteigG von 1899 (GVBl. S. 359); § 12 des Kap. II des 4. Teils der 3. VO des Reichspräsidenten zur Sicherung von Wirtschaft und Finanzen und zur Bekämpfung politischer Ausschreitungen vom 6. 10. 1931 (RGBl. I 537) i. d. F. d. VO zur Änderung von Vorschriften über Kleinsiedlungen und Kleingärten vom 26. 2. 1938 (RGBl. I 233). Weitere Nachweise in BGHZ 9, 295.

[38] Vgl. *Scheuner* in *Reinhardt - Scheuner*, Verfassungsschutz des Eigentums, S. 155 f.; *Schütz - Frohberg*, Anm. 1 zu § 102 BBauG; *Bullinger*, Der Staat 1962, 449 (469); *Brügelmann - Pohl*, Anm. I zu § 102 BBauG.

[39] BGHZ 3, 292; 12, 357; 18, 253; *Brügelmann - Pohl*, Anm. I zu § 102 BBauG.

[40] BGHZ 9, 295.

[41] In BGH, MDR 55, 224, wird allerdings betont, daß trotz dieses Grundsatzes eine Rückübereignung nur in Frage komme, wo das spezielle Enteignunggesetz dies vorsehe.

[42] BGH, Betrieb 61, 705.

[43] Hier ist streitig, ob es sich um einen öffentlich-rechtlichen Anspruch handelt; Ja: *Straßmann - Nitsche*, Anm. 2 zu § 66 BVFG, in der 1. Auflage von 1953 — nicht mehr in der 2. Aufl. von 1958. Nein: *Ehrenforth*, Rdn. 4 zu § 66 BVFG.

[44] BGHZ 14, 240; *Dittus - Zinkahn*, Anm. 2 zu § 51 BaulandBG.

[45] Dazu: *Schmidt*, DVBl. 57, 154 ff.; *Bauch - Schmidt*, Anm. 1 zu § 57 LandBG.

[46] Dazu: *Heitzer - Oestreicher*, Anm. 1 zu § 102 BBauG; *Brügelmann - Pohl*,

VII. Zusammenfassung und Einzelfragen zum FBA

nungsanspruch richtet sich gegen die Enteignungsbehörde und geht auf den Erlaß eines Verwaltungsakts, der die Rückenteignung ausspricht. Umstritten ist heute, ob aus den genannten Vorschriften ein allgemeiner Rückenteignungsanspruch für alle Enteignungsfälle abzuleiten ist[47], ob § 102 BBauG analog angewendet werden kann, oder ob allein die Regelung des jeweiligen Enteignungsgesetzes entscheidet[48, 49].

Für die Entscheidung, ob es sich hier um einen Folgenbeseitigungsanspruch handelt, wird es darauf ankommen, ob der Rückenteignungsanspruch auf eine Statusverletzung zurückzuführen ist. Dabei ist zu beachten, daß bezüglich des Enteignungszwecks Rechtmäßigkeitsvoraussetzung der Enteignung lediglich ist, daß sie im Augenblick des Enteignungsbeschlusses dem Enteignungszweck dient. Wird der Enteignungszweck später nicht erreicht oder nicht mehr verfolgt, so berührt dies die Rechtmäßigkeit der Enteignung nicht mehr[50]. Die Enteignungsbehörde kann daher auch nicht von Amts wegen das Rückenteignungsverfahren durchführen[51].

Sie ist von der — in der Regel nur innerhalb einer bestimmten Frist zulässigen[52] — Antragstellung des Enteigneten abhängig. Wird kein Antrag gestellt, so ist auch die Aufrechterhaltung der Enteignung nach Wegfall des Enteignungszwecks nicht rechtswidrig. Folglich beruht der Rückenteignungsanspruch nicht auf einer Statusverletzung und kann daher nicht als Folgenbeseitigungsanspruch klassifiziert werden. Der Rückenteignungsanspruch ist vielmehr „eine zusätzliche Sicherung des Eigentums"[53] gegen rechtmäßige Enteignung, deren innerer Grund entfallen ist. Von daher wird man auch annehmen müssen, daß eine Rückenteignung jeweils im speziellen Enteignungsgesetz vorgesehen sein muß.

Anm. 1 zu § 102 BBauG; *Schütz - Frohberg*, Anm. 1 zu § 102 BBauG, nehmen auf Grund der überholten BGH-Rechtsprechung noch an, daß sich der Anspruch aus § 102 BBauG gegen den Begünstigten richte.

[47] So *Kröner*, Die Eigentumsgarantie in der Rechtsprechung des Bundesgerichtshofs, S. 58.

[48] So *Lerche*, Übermaß und Verfassungsrecht, S. 168. *Lerche* bezweifelt angesichts des verfassungskräftigen Grundsatzes der Erforderlichkeit die Gültigkeit von Enteignungsgesetzen, die eine Rückenteignung nicht vorsehen.

[49] Der BGH hat in Betrieb 61, 705 diese Frage offen gelassen.

[50] Allgemeine Ansicht: *Dittus - Zinkahn*, Anm. 1 zu § 51 BaulandBG; *Heitzer - Oestreicher*, Anm. 1 zu § 102 BBauG; *Brügelmann - Pohl*, Anm. 1 zu § 102 BBauG.

[51] *Dittus - Zinkahn*, Anm. 2a zu § 51 BaulandBG; *Heitzer - Oestreicher*, Anm. 1 zu § 102 BBauG.

[52] § 51 BaulandBG und § 102 BBauG: 2 Jahre; § 3 RSiedlG und § 57 LBG: 1 Jahr.

[53] *Scheuner* in *Reinhardt - Scheuner*, Verfassungsschutz des Eigentums, S. 155 f.

5. Die prozessuale Geltendmachung des Folgenbeseitigungsanspruchs

Die Geltendmachung des Folgenbeseitigungsanspruchs als eines öffentlichrechtlichen Anspruchs geschieht im Verwaltungsprozeß. Sie wirft insofern Fragen auf, als die Verwaltungsgerichtsordnung verhältnismäßig scharf zwischen der besonderen Leistungsklage und der Verpflichtungsklage unterscheidet. Diese Trennung spielt auch im Rahmen des § 113 VwGO eine Rolle, wo sich Abs. 1, Satz 2, 3 und Abs. 3 gegenüberzustehen scheinen[54]. Die Verpflichtungsklage zeichnet sich vor der besonderen Leistungsklage dadurch aus, daß mit ihr der Erlaß eines Verwaltungsakts begehrt wird (§ 42 I VwGO), während jene auf eine Leistung gerichtet ist, die sich nicht als Verwaltungsakt darstellt[55].

Beginnen wir mit dem einfacheren Fall, so kann der Folgenbeseitigungsanspruch für sich, d. h. ohne Zusammenhang mit einer Anfechtungsklage, geltend gemacht werden. Voraussetzung der Geltendmachung ist dann allerdings, daß der zugrunde liegende Verwaltungsakt bereits entfallen ist, weil ihn etwa die Behörde oder das Gericht in einem früheren Verfahren aufgehoben hat. Möglicherweise war der Verwaltungsakt auch nichtig. Dem Kläger steht zur Durchsetzung seines Anspruchs entweder die Verpflichtungsklage oder die besondere Leistungsklage zur Wahl. Welche von beiden die richtige prozessuale Einkleidung der Folgenbeseitigungsklage ist, entscheidet sich also danach, ob der Folgenbeseitigungsanspruch auf eine Leistung gerichtet ist, die in einem Verwaltungsakt oder gerade nicht in einem Verwaltungsakt besteht.

Will man versuchen, die Frage generell zu lösen, so muß vom Wesen des Folgenbeseitigungsanspruchs ausgegangen werden. Dieser ist auf die Beseitigung einer tatsächlichen Beeinträchtigung der Freiheitssphäre des Betroffenen gerichtet, die durch den Vollzug eines rechtswidrigen Verwaltungsakts entstanden ist. Eine solche Bereinigung der tatsächlichen Situation stellt sich aber nicht als Verwaltungsakt dar, da es hierbei an der für den Verwaltungsakt typischen „Regelung" fehlt. Hier geht es nicht darum zu bestimmen, was für den Kläger Rechtens sein soll, sondern darum, einen tatsächlichen Erfolg herbeizuführen. Die Folgenbeseitigungsklage ist daher nicht auf den Erlaß eines Verwaltungsakts gerichtet und somit als Leistungsklage zu behandeln.

---

[54] Nach der Amtlichen Begründung zu § 114 des Regierungsentwurfs, Verhandlungen des Deutschen Bundestages, 3. Wahlperiode, Drucksache 55, S. 43, handelt es sich bei § 113 I 2, 3 VwGO der Sache nach um eine Verpflichtungsklage. Die Kommentare zur Verwaltungsgerichtsordnung sind in dieser Frage durchaus uneinig. Vgl. oben A IV bei und in Anm. 28.

[55] Dazu zuletzt: *Holland*, DÖV 65, 410 und *Hegel*, DÖV 65, 413. Verpflichtungsklage und besondere Leistungsklage bilden die beiden Unterfälle der allgemeinen Leistungsklage in der Verwaltungsgerichtsordnung.

VII. Zusammenfassung und Einzelfragen zum FBA

Dem kann nicht entgegengehalten werden, die Behörde müsse zur Durchführung der Folgenbeseitigung häufig Verwaltungsakte gegen Dritte erlassen. Der Kläger begehre dann den Erlaß dieser Verwaltungsakte und müsse deshalb eine Verpflichtungsklage erheben. Richtig ist zwar, daß in gewissen Fällen ein durch einen Verwaltungsakt Begünstigter einen Anspruch auf Erlaß dieses Verwaltungsakts an einen dritten Adressaten hat und ihn mit einer Verpflichtungsklage durchsetzen kann[56]. So liegt es aber beim Folgenbeseitigungsanspruch nicht. Möglicherweise begünstigten die Verwaltungsakte, die erlassen werden müssen, den Kläger gar nicht unmittelbar, sondern sind nur Voraussetzungen weiterer Verwaltungsakte oder anderer Maßnahmen. Und selbst wenn der Kläger begünstigt ist, steht ihm doch kein Anspruch auf Erlaß dieser Verwaltungsakte zu, da der Behörde immer die Möglichkeit bleibt, die geschuldete Folgenbeseitigung ohne Anwendung hoheitlicher Mittel zu erreichen. Eine Verpflichtungsklage wäre daher unbegründet. Die Gegenmeinung müßte schon deshalb auf unüberwindliche Schwierigkeiten stoßen, weil häufig genug während des Prozesses noch nicht zu übersehen sein wird, ob und welche Verwaltungsakte zur Beseitigung der Vollzugsfolgen nötig sein werden. Dies kann letztlich nur die beklagte Behörde selbst entscheiden. Ob also eine Verpflichtungsklage vorliegt, könnte weder dem Klagantrag entnommen, noch vom Gericht entschieden werden, sondern bliebe dem Verhalten der Beklagten nach dem Urteil überlassen!

Der Folgenbeseitigungsanspruch ist danach mit der Leistungsklage geltend zu machen. Ein Vorverfahren nach §§ 68 ff. VwGO ist nicht erforderlich. Dieses Ergebnis gilt entsprechend für die Geltendmachung des „tatsächlichen Beseitigungsanspruchs", bei dem die Behörde ebenfalls den tatsächlichen Beseitigungserfolg schuldet[57].

Wird der Folgenbeseitigungsanspruch zusammen mit dem gegen den bereits vollzogenen Verwaltungsakt gerichteten Aufhebungsanspruch geltend gemacht, so bietet hierzu § 113 I 2, 3 VwGO ein vereinfachtes Verfahren an. Wie gezeigt[58], besteht über die Bedeutung dieser Vorschrift und ihr Verhältnis zu § 113 III VwGO Uneinigkeit. Es erscheint jedoch müßig, in abstracto zu untersuchen, ob es sich bei § 113 I 2, 3 VwGO der Sache nach um eine Verpflichtungs- oder um eine Leistungsklage handelt. Wenn in der Vorschrift das Gericht ermächtigt wird, auf Antrag auch auszusprechen, „daß und wie die Verwaltungsbehörde die Vollziehung rückgängig zu machen hat", so läßt dieser Wortlaut alle

---

[56] Vgl. BVerwG, DVBl. 61, 125 mit Anm. *Bachof*; *Obermayer*, JuS 63, 110 (112).
[57] Im Ergebnis ebenso: *Redeker - v. Oertzen*, Anm. 99 zu § 42 VwGO.
[58] Vgl. oben A IV bei und in Anm. 28.

Möglichkeiten offen. Daher stützen sich diejenigen, die in § 113 I 2, 3 VwGO im Grund eine Verpflichtungsklage sehen, auch auf andere Argumente, die indes nicht überzeugen können.

So ist die amtliche Begründung[59], die in § 113 I 2, 3 VwGO sachlich eine Verpflichtungsklage sieht, ohne Beweiskraft. Da der Gesetzgeber die besondere Leistungsklage in der Verwaltungsgerichtsordnung gar nicht ausdrücklich geregelt hat, konnte er sich auch nicht mit der Abgrenzung von Verpflichtungs- und Leistungsklage befassen und hat folglich in der Begründung zu § 113 I 2, 3 VwGO das Wort Verpflichtungsklage nicht im Sinne dieser Unterscheidung gebraucht. Dies zeigt sich sofort in der Begründung zu § 113 III VwGO, bei dem es nach allgemeiner Ansicht um eine Leistungsklage geht, ja der gerade als Beweis für die Möglichkeit einer solchen Klage herangezogen wird[60]. Dieser Abs. 3 ist nach der amtlichen Begründung „seinem Wesen nach ein Unterfall (!) des Abs. 1 Satz 2". Wer sich daher auf die amtliche Begründung beruft, um darzutun, § 113 I 2, 3 VwGO ersetze eine Verpflichtungsklage, nimmt zu Unrecht an, der Gesetzgeber habe sich entgegenkommenderweise seiner Terminologie bedient.

Aus ähnlichen Überlegungen läßt sich auch nichts aus der Gegenüberstellung von § 113 I 2, 3 und § 113 III VwGO gewinnen[61]. Im übrigen stehen sich hier zwei sehr verschiedene Fälle gegenüber. Im Gegensatz zu Abs. 1 Satz 2 setzt Abs. 3 neben der Anfechtungsklage eine nach den allgemeinen Regeln erhobene selbständige Leistungsklage voraus[62]. Außerdem ist es zumindest zweifelhaft, ob Abs. 3 wie Abs. 1 Satz 2 die Möglichkeit gibt, einen Leistungsanspruch zu verfolgen, der tatsächlich erst mit der Rechtskraft des Aufhebungsurteils einklagbar würde, oder ob bei Abs. 3 zur Entscheidung beide Ansprüche fällig sein müssen[63]. Diese erheblichen Unterschiede können auch nicht als durch die Verschiedenheit von Verpflichtungsklage und Leistungsklage erklärt werden. Dafür fehlt jeder sachliche Anhaltspunkt.

---

[59] Verhandlungen des Deutschen Bundestages, 3. Wahlperiode, Drucksache 55, S. 43.

[60] Für viele: *Ule*, Verwaltungsprozeßrecht, S. 84.

[61] *Schunck - De Clerck*, Anm. 2e zu § 113 VwGO, nehmen sogar an, Abs. 3 beziehe sich nicht nur auf die Verbindung von Anfechtungs- und Leistungsklage, sondern auf alle nach § 44 VwGO möglichen Klageverbindungen, also auch auf Anfechtungs- und Verpflichtungsklage.

[62] Vgl. *Eyermann - Fröhler*, Rdn. 57 zu § 80 VwGO.

[63] Vgl. einerseits die Amtliche Begründung zu § 114 des Regierungsentwurfs, Verhandlungen des Deutschen Bundestages, 3. Wahlperiode, Drucksache 55, S. 43: „Gedacht ist hier an die Fälle, daß sich aus der Aufhebung des Verwaltungsakts materiellrechtlich unmittelbar ein Anspruch gegen die Behörde ergibt", andererseits *Redeker - v. Oertzen*, Anm. 11 zu § 113 VwGO, für die der Wortlaut des Abs. 3 („neben") spricht.

VII. Zusammenfassung und Einzelfragen zum FBA

Schließlich kann auch aus § 172 VwGO kein entsprechender Schluß gezogen werden[64]. „Verpflichtung" ist hier wiederum nicht im Sinne einer Unterscheidung zur Leistungklage gebraucht. Ebenso wie die Leistungsklage ist die Vollstreckung eines Leistungsurteils in der Verwaltungsgerichtsordnung nicht besonders geregelt. Die Vollstreckung hat, soweit es sich nicht um Geldforderungen handelt (§ 170 VwGO) nach § 172 VwGO zu erfolgen. Dies zeigt im übrigen schon die Hereinnahme des § 123 VwGO: Die einstweiligen Anordnungen werden in einer Vielzahl von Fällen gerade nicht auf den Erlaß eines Verwaltungsakts gerichtet sein.

Somit bleibt es dabei, daß der Charakter des § 113 I 2, 3 VwGO als Verpflichtungs- oder Leistungsklage zunächst offen gelassen ist. Er wird erst vom materiellen Folgenbeseitigungsanspruch her bestimmt. Dieser ist aber, wie wir sahen, nicht auf den Erlaß eines Verwaltungsakts, sondern auf eine andere Amtshandlung, die Herbeiführung eines tatsächlichen Erfolges gerichtet. Antrag und Verurteilung nach § 113 I 2, 3 VwGO ersetzen demnach eine Leistungsklage und ein Leistungsurteil.

Gewisse Besonderheiten gelten dann, wenn die Aufrechterhaltung eines zunächst rechtmäßigen Verwaltungsakts mit Dauerwirkung vor oder nach seinem Vollzug durch eine Änderung der Sach- oder Rechtslage rechtswidrig wird, die Anfechtungsfrist aber bereits abgelaufen ist. Hier kann der Betroffene seinen Aufhebungsanspruch nicht mit einer Anfechtungsklage durchsetzen, da diese schon bei der Frage der Zulässigkeit scheitern müßte. In Frage kommt daher nach einem entsprechenden Verwaltungsverfahren nur eine Verpflichtungsklage, die auf die Verurteilung der Behörde zur Aufhebung des rechtswidrigen Verwaltungsakts gerichtet ist. *Bachof* hat auf den besonderen Charakter solcher „negativen" Verpflichtungsklagen hingewiesen[65]. Mit ihnen wird derselbe Aufhebungsanspruch durchgesetzt wie mit den Anfechtungsklagen. Sie stehen den Anfechtungsklagen so nahe, daß auch bei ihnen das Gericht die Möglichkeit haben sollte, den rechtswidrigen Verwaltungsakt selbst aufzuheben. Daß es dies nicht kann, liegt allein daran, daß die gesetzliche Regelung nur die „positiven" Verpflichtungsklagen im Auge hat, bei denen das Gericht in der Tat in die Kompetenz der Verwaltung eingreifen würde, wollte es den angestrebten Verwaltungsakt selbst erlassen. Solche Bedenken bestehen dagegen nicht, wenn die Verpflichtungsklage auf die Aufhebung eines rechtswidrigen Verwaltungsakts gerichtet ist, da die Wirkung des Urteils dann praktisch rein kassatorisch ist.

---

[64] So aber etwa *Hegel*, Unterbringung, S. 103.
[65] JZ 54, 416 (422).

Die Verwaltungsgerichtsordnung hat diesen Gedanken *Bachofs* nicht übernommen und in § 113 IV eine einheitliche Regelung für „positive" und „negative" Verpflichtungsklagen getroffen. Diese Überlegungen sind aber dazu geeignet, Licht auf ein weiteres Problem zu werfen. Dieses besteht darin, daß es für die Fälle des Folgenbeseitigungsanspruchs bei rechtswidrig gewordenen Verwaltungsakten keine entsprechende Verbindung von Aufhebung des Verwaltungsakts und Verpflichtung zur Folgenbeseitigung gibt wie in § 113 I VwGO. Auch in dieser Hinsicht steht in § 113 IV allein die „positive" Verpflichtungsklage im Vordergrund. Nun ist aber nicht einzusehen, warum in den Fällen nachträglicher Rechtswidrigkeit der Kläger genötigt sein soll, erst ein Verpflichtungsurteil zu erstreiten und zu vollstrecken, um dann in einem zweiten Prozeß seinen Folgenbeseitigungsanspruch durchzusetzen, während dies bei anfänglicher Rechtswidrigkeit des Verwaltungsakts sogleich im Anfechtungsprozeß geschehen kann. Es stellt sich daher die Frage, ob in den Fällen einer auf die Aufhebung eines rechtswidrigen Verwaltungsakts gerichteten Verpflichtungsklage § 113 I 2, 3 VwGO analog angewendet werden kann.

Für eine analoge Anwendung dieses Instituts spricht sehr stark die Parallelität der Situation bei Anfechtungs- und „negativer" Verpflichtungsklage, die eine Gleichbehandlung in dieser Hinsicht nahegelegt hätte. Bedenken bestehen nur in einem, allerdings gewichtigen Punkt. § 113 I 2, 3 VwGO bringt eine Ausnahme vom Grundsatz der Rechtswirksamkeit auch fehlerhafter Verwaltungsakte. Dies ist deshalb gerechtfertigt, weil die Aufhebung des rechtswidrigen Verwaltungsakts im selben Moment rechtskräftig wird wie die Verurteilung der Behörde zur Folgenbeseitigung. Dagegen entfällt bei der „negativen" Verpflichtungsklage der Verwaltungsakt erst mit der Ausführung des Urteils durch die Behörde. Dieses Bedenken schließt aber die analoge Anwendung des § 113 I 2, 3 VwGO bei „negativen" Verpflichtungsklagen nicht aus. Das Entscheidungsmonopol des Verwaltungsgerichts über den angefochtenen Verwaltungsakt ist gewahrt. Im übrigen kann die im „negativen" Verpflichtungsurteil verurteilte Behörde nicht mehr mit der Berufung auf die Geltungskraft des Verwaltungsakts gehört werden, dessen Rechtswidrigkeit vom Gericht festgestellt und zu dessen Aufhebung sie verpflichtet worden ist.

Eine entsprechende Anwendung des § 113 I 2, 3 VwGO bei solchen Verpflichtungsklagen, die auf die Aufhebung eines nachträglich rechtswidrig gewordenen, bereits vollzogenen Verwaltungsakts mit Dauerwirkung gerichtet sind, ist daher möglich und geboten. Der Kläger kann dann seinen Folgenbeseitigungsanspruch in der gleichen Weise durchsetzen wie im Falle einer Anfechtungsklage. Nur so wird dem gleichen Rechtsschutzbedürfnis die gleiche Rechtsschutzmöglichkeit geboten.

VIII. Ergebnisse

Schließlich erreichen dadurch die materiell gleichgelagerten Fälle, bei denen wir die Entstehung eines Folgenbeseitigungsanspruchs bejaht haben, eine einheitliche prozessuale Behandlung. Der Betroffene kann in allen Fällen seinen Folgenbeseitigungsanspruch zusammen mit dem gegen den Verwaltungsakt gerichteten Aufhebungsanspruch in dem vereinfachten Verfahren des § 113 I 2, 3 VwGO geltend machen. Diese enge Verbindung mit der Anfechtung des Verwaltungsakts auf der prozessualen Seite ist dadurch gerechtfertigt, daß in den Fällen des Folgenbeseitigungsanspruchs der Vollzug des Verwaltungsakts von dessen Rechtswidrigkeit her den Charakter einer Statusverletzung erhält.

VIII. Ergebnisse

1. Der Folgenbeseitigungsanspruch ist wie der gegen einen Verwaltungsakt gerichtete Aufhebungsanspruch und der „tatsächliche" Beseitigungsanspruch eine Konkretisierung des allgemeinen Beseitigungsgrundsatzes. Dieser folgt aus dem Verhältnis Bürger—Staat in der Ordnung des Grundgesetzes bei jeder Verletzung des status negativus, der Freiheitssphäre des einzelnen, durch einen hoheitlichen Eingriff.

2. Der Folgenbeseitigungsanspruch entsteht bei Statusverletzungen durch den Vollzug (die Erfüllung) eines rechtswidrigen oder nichtigen Verwaltungsakts oder dadurch, daß ein anfänglich rechtmäßiger, bereits vollzogener Verwaltungsakt mit Dauerwirkung rechtswidrig wird. Der Folgenbeseitigungsanspruch entsteht im Moment der Statusverletzung. Seine Geltendmachung setzt — außer bei Nichtigkeit — die Aufhebung des Verwaltungsakts voraus.

3. Der Folgenbeseitigungsanspruch ist öffentlichrechtlicher Natur. Er richtet sich unmittelbar gegen den Staat. Er geht auf Rückgängigmachung dessen, was von dem Verwaltungsakt durch den Vollzug in die Wirklichkeit umgesetzt worden ist. Der Folgenbeseitigungsanspruch gewährt weder Schadensersatz noch Entschädigung.

4. Der Folgenbeseitigungsanspruch wird im Verwaltungsrechtsweg mit einer Leistungsklage oder zusammen mit der Anfechtungsklage mit einem Antrag nach § 113 I 2 VwGO geltend gemacht, der hier eine Leistungsklage ersetzt. § 113 I 2, 3 VwGO wird entsprechend angewandt, wenn ein rechtswidrig gewordener Verwaltungsakt mit einer „negativen"" Verpflichtungsklage angegriffen wird.

Teil B: Der FBA als Reaktionsanspruch auf eine Statusverletzung

5. Der öffentlich-rechtliche Erstattungsanspruch ist kein Fall des Folgenbeseitigungsanspruchs. Er beruht auf der Rechtsgrundlosigkeit einer Leistung und setzt keine Statusverletzung voraus. Er kann mit dem Folgenbeseitigungsanspruch konkurrieren.

6. Auch der Rückenteignungsanspruch der neueren Enteignungsgesetze ist mangels Statusverletzung kein Folgenbeseitigungsanspruch.

Literaturverzeichnis

Anschütz, Gerhard, Georg Meyers Lehrbuch des deutschen Staatsrechts, 7. Aufl., bearbeitet von Gerhard Anschütz. München und Leipzig 1919.
Bachof, Otto, Die Vereinheitlichung der Verwaltungsgerichtsbarkeit durch eine Verwaltungsgerichtsordnung des Bundes, DRZ 50, 341.
— Die verwaltungsgerichtliche Klage auf Vornahme einer Amtshandlung. Tübingen 1951 (zitiert: Vornahmeklage)
— Der Rechtsschutz im öffentlichen Recht: gelöste und ungelöste Probleme. DÖV 53, 417.
— Der maßgebende Zeitpunkt für die gerichtliche Beurteilung von Verwaltungsakten. JZ 54, 416.
— Reflexwirkungen und subjektive Rechte im öffentlichen Recht. Gedächtnisschrift für Walter Jellinek. München 1955, S. 287.
— Urteilsanmerkung. MDR 55, 570.
— Urteilsanmerkung. JZ 56, 342.
— Zur maßgeblichen Rechts- und Sachlage bei Anfechtungs- und Vornahmeklagen. JZ 58, 301.
— Urteilsanmerkung. DVBl. 61, 128.
— Über einige Entwicklungstendenzen im gegenwärtigen deutschen Verwaltungsrecht. Staatsbürger und Staatsgewalt, Bd. II, Karlsruhe 1963, S. 3.
— Nachwort zu: Fritz Gygi, Ein gesetzgeberischer Versuch zur Lösung des Problems des Klagerechts im verwaltungsgerichtlichen Anfechtungsprozeß. AöR 88, 411.
— Verfassungsrecht, Verwaltungsrecht, Verfahrensrecht in der Rechtsprechung des Bundesverwaltungsgerichts. Tübingen 1963 (zitiert: VerfR I).
— Bundesrecht als Maßstabsrecht im verwaltungsgerichtlichen Normenkontrollverfahren? DÖV 64, 9.
— Die Rechtsprechung des Bundesverwaltungsgerichts. JZ 66, 11.
— Urteilsanmerkung. JZ 66, 140.
Bauch, Botho — *Schmidt*, Rudolf, Kommentar zum Landbeschaffungs- und zum Schutzbereichsgesetz. Stuttgart 1957.
Bauer, —, Zur Frage der Folgenbeseitigungspflicht nach Wiedereinweisung. WM 62, 133.
Bender, Bernd, Allgemeines Verwaltungsrecht, 2. Aufl. Freiburg 1956.
— Aktuelles zur Problematik des gerichtlichen Nachbarschutzes im Baurecht. NJW 66, 1989.
Bettermann, Karl August, Wesen und Streitgegenstand der verwaltungsgerichtlichen Anfechtungsklage. DVBl. 53, 163/202.
— Zur Lehre vom Folgenbeseitigungsanspruch. DÖV 55, 528.
— Urteilsanmerkung. MDR 57, 130.

- Der Schutz der Grundrechte in der ordentlichen Gerichtsbarkeit. Die Grundrechte. Bd. III, 2. Teil, Berlin 1959, S. 779 (zitiert: Grundrechte III, 2).
- Die Verpflichtungsklage nach der Bundesverwaltungsgerichtsordnung. NJW 60, 649.
- Zivilgerichtlich verfolgbarer Schadensersatzanspruch bei unberechtigter Verwaltungsvollstreckung. JZ 60, 335.
- Gewerberechtliche Nachbarklage. NJW 61, 1097.
- Klagebefugnis und Aktivlegitimation im Anfechtungsprozeß. Staatsbürger und Staatsgewalt, Bd. II, Karlsruhe 1963, S. 449.

Böckenförde, Werner, Der allgemeine Gleichheitssatz und die Aufgabe des Richters. Berlin 1957.

Brügelmann, H. — *Förster*, H. — *Grauvogel*, G. — *Kopp*, H. — *Oedekoven*, D. — *Pohl*, W., Bundesbaugesetz, Kommentar. Stuttgart, Berlin, Köln, Mainz. Stand: Mai 1965.

Bullinger, Martin, Die Enteignung zugunsten Privater. Der Staat 62, 449.

Collasius, H. J., Die Ausfüllung von Lücken im Normensystem des Verwaltungsrechts durch Rückgriff auf die Vorschriften des Bürgerlichen Gesetzbuches. Jur. Diss. Hamburg 1958.

Czermak, Fritz, Nochmals: Zum Beurteilungszeitpunkt beim verwaltungsgerichtlichen Verpflichtungsurteil. BayVBl. 65, 93.

Dahm, Georg, Deutsches Recht. Stuttgart 1963.

Daig, Hans-Wolfram, Die Gerichtsbarkeit in der Europäischen Wirtschaftsgemeinschaft und in der Europäischen Atomgemeinschaft, AöR 83, 132.

Diederichsen, Uwe, Topisches und systematisches Denken in der Jurisprudenz. NJW 66, 697.

Dittus, Wilhelm — *Zinkahn*, Willy, Baulandbeschaffungsgesetz, Kommentar, München, Berlin 1954.

Drews, Bill — *Wacke*, Gerhard, Allgemeines Polizeirecht, 7. Aufl., Berlin etc. 1961.

Dürig, Günter, Zurück zum klassischen Enteignungsbegriff! JZ 54, 4.
- Grundfragen des öffentlichrechtlichen Entschädigungssystems. JZ 55, 521.
- Urteilsanmerkung. JZ 57, 169.
- Urteilsanmerkung. JZ 58, 22.
- Der Staat und die vermögenswerten öffentlich-rechtlichen Berechtigungen seiner Bürger. Festschrift für W. Apelt. München 1958, S. 13.

Ehrenforth, Werner, Bundesvertriebenengesetz, Kommentar, München, Frankfurt/M. 1959.

Engisch, Karl, Literaturbericht — Rechtsphilosophie. ZStW 69 (1957), 591.

Esser, Josef, Schuldrecht, 2. Aufl., Karlsruhe 1960.
- Interpretation und Rechtsneubildung im Familienrecht. JZ 53, 521.
- Grundsatz und Norm in der richterlichen Fortbildung des Privatrechts, 2. Aufl. Tübingen 1964.

Evers, Hans-Ulrich, Privatsphäre und Ämter für Verfassungsschutz. Berlin 1960.
- Urteilsanmerkung. DVBl. 65, 449.

Eyermann, Erich — *Fröhler*, Ludwig, Verwaltungsgerichtsgesetz, Kommentar, München, Berlin 1950.
— Verwaltungsgerichtsordnung, Kommentar, 3. Aufl. München, Berlin 1962.
Fellner, Michael — *Fischer*, Hans, Wohnraumbewirtschaftungsgesetz, Kommentar, 3. Aufl. München, Berlin 1956.
Fischer, —, Urteilsanmerkung. ZMR 52, 283.
Forsthoff, Ernst, Lehrbuch des Verwaltungsrechts. Bd. I: Allgemeiner Teil, 9. Aufl., München, Berlin 1966, 8. Aufl. 1961.
Franke, Franz-Josef, Der Folgenentschädigungsanspruch — Folgenbeseitigung durch Entschädigung. VerwArch. 66, 357.
Fuß, Ernst-Werner, Zur Rechtsstaatlichkeit der Europäischen Gemeinschaften. DÖV 64, 577.
Gehring, Otto Werner, Streitgegenstand, Aktivlegitimation und Klagebefugnis im verwaltungsgerichtlichen Anfechtungsprozeß, DÖV 54, 331.
Geiger, Willi, Zur Frage der Bindung der Zivilgerichte an verwaltungsgerichtliche Urteile. Staatsbürger und Staatsgewalt, Bd. I, Karlsruhe 1963, S. 183.
Genzmer, Felix, Die Verwaltungsgerichtsbarkeit. HDStR Bd. II, Tübingen 1932, S. 506.
Gneist, Rudolf von, Der Rechtsstaat und die Verwaltungsgerichte in Deutschland. Berlin 1879 (zitiert: Der Rechtsstaat).
Götz, V., Der Folgenbeseitigungsanspruch im Beamtenrecht. ZBR 61, 135.
Groeben, Hans von der — *Boeckh*, Hans von, Kommentar zum EWG-Vertrag. Baden-Baden, Bonn 1960.
Groß, Rolf — *Kreiling*, Harald, *Wiederum:* Zur Zulässigkeit der Vollstreckungsklage im Verwaltungsverfahren, DVBl. 63, 393.
Groothold, —, Urteilsanmerkung. ZMR 55, 184.
Haarmann, Wennemar, Beantwortung einer Frage aus dem Leserkreis. DVBl. 57, 144.
Haas, Diether, System der öffentlichrechtlichen Entschädigungen. Karlsruhe 1955.
Haueisen, Fritz, Die Feststellungsklage im Verwaltungsprozeß. JZ 52, 913.
— Die Rücknahme fehlerhafter Verwaltungsakte. JZ 54, 1425.
Hegel, Hermann, Kann mit der Verflichtungsklage auch die Verurteilung zur Vornahme einer sog. Amtshandlung begehrt werden? JZ 63, 15.
— Die Unterbringung Obdachloser in privaten Räumen. Verwaltung und Wirtschaft, Heft 29. Stuttgart 1963 (zitiert: Unterbringung).
— Zur Verpflichtungs- und Leistungsklage in der Verwaltungsgerichtsordnung. DÖV 65, 413.
Heidenhain, Martin, Amtshaftung und Entschädigung aus enteignungsgleichem Eingriff, Berlin 1965.
Heitzer, Sebastian — *Oestreicher*, Ernst, Bundesbaugesetz, Kommentar. Berlin 1962.
Heller, Hermann, Staatslehre. Leiden 1934.
Hoffmann, Heinrich, Die Rechtsschutzbehauptung im Verwaltungsprozeß, VerwArch 53 (1962), 297.

Hofmann, Kurt — *Schroeter*, Kurt, Handkommentar zum Sozialgerichtsgesetz, 2. Aufl., Berlin, Frankfurt 1957.

Holland, Ralf, Die Leistungsklage im Verwaltungsprozeß. DÖV 65, 410.

Huber, Ernst Rudolf, Wirtschaftsverwaltungsrecht, 2. Aufl., 2. Bd., Tübingen 1954.

Jaenicke, Günther, Gefährdungshaftung im öffentlichen Recht? VVDStRL 20, 135.

Jellinek, Georg, System der subjektiven öffentlichen Rechte. Freiburg 1892.

Jellinek, Walter, Verwaltungsrecht, unveränderter Nachdruck der 3. Aufl. 1931. Offenburg 1948.

Jesch, Dietrich, Gesetz und Verwaltung. Tübingen 1961.

Kammer, —, Zur Rückwirkung des Aufhebungsurteils. DVBl. 52, 689.

Kaufmann, Horst, Zur Geschichte des aktionenrechtlichen Denkens. JZ 64, 482.

Kiefersauer — *Glaser* — *Brumby*, Grundstücksmiete. Berlin 1958.

Kilian, Peter, Der öffentlichrechtliche Erstattungsanspruch gegen die Erben des Leistungsempfängers. NJW 62, 1279.

Kimmich, O., Art. 14 GG, in Bonner Kommentar, Zweitbearbeitung 1964.

Klein, Karl Heinz, Die öffentlichrechtliche Assessorarbeit, JuS 62, 273.

Kleinrahm, Kurt, Verfolgung privatrechtlicher Ansprüche im Verwaltungsweg. DRZ 47, 140.

Klinger, Hans, Die Verordnung über die Verwaltungsgerichtsbarkeit in der britischen Zone. Göttingen 1954.

— Verwaltungsgerichtsordnung, Kommentar, 2. Aufl., Göttingen 1964.

Knoll, Ernst, Das Verfahren zur Geltendmachung von Ansprüchen auf Ausgleich von Schäden, welche durch die Wahrnehmung von Hoheitsrechten entstanden sind. Verhandlungen des 41. Deutschen Juristentages, Tübingen 1955, S. 85.

Koehler, Alexander, Verwaltungsgerichtsordnung. Berlin, Frankfurt/M. 1960.

Koellreutter, Otto, Grundfragen des Verwaltungsrechts. Köln, Berlin 1955.

Konow, Karl-Otto, Schadensersatz oder Entschädigungen bei rechtswidrigen enteignungsgleichen Eingriffen? JZ 64, 410.

Kornblum, Udo, Zum Verhältnis von Gesetzesänderung und materieller Rechtskraft verwaltungsgerichtlicher Entscheidungen, JZ 62, 654.

Kröner, Herbert, Die Eigentumsgarantie in der Rechtsprechung des Bundesgerichtshofes. Köln, Berlin, München, Bonn 1961.

Krüger, Hildegard, Der Gleichheitsgrundsatz als Grundlage öffentlichrechtlicher Gruppenrechte. DVBl. 55, 208.

Laband, Paul, Das Staasrecht des Deutschen Reiches, 4. Aufl., III Bd., Tübingen, Leipzig 1901.

Lagrange, Maurice, Schlußantrag in der Rechtssache 30/59. Rspr.GH VII, 63.

Lamberg, Gisbert, Der Widerspruch des Nachbarn im Baurecht. NJW 63, 2154.

Landmann, Heinz — *Giers*, Wolfgang — *Proksch*, Ernst, Allgemeines Verwaltungsrecht, 3. Aufl., Düsseldorf 1964.

Lassar, Gerhard, Der Erstattungsanspruch im Verwaltungs- und Finanzrecht. Berlin 1921.

Laun, Rudolf, Allgemeine Rechtsgrundsätze. in: Beiträge zur Kultur- und Rechtsphilosophie, Heidelberg 1948, S. 117.

Lehmann, Heinrich, Enneccerus - Kipp - Wolff, Recht der Schuldverhältnisse, Tübingen 1958 (zitiert: Schuldrecht).

— Allgemeiner Teil des Bürgerlichen Gesetzbuches, 11. Aufl., Berlin 1958.

Lerche, Peter, Amtshaftung und Folgenbeseitigung. RiA 54, 9.

— Übermaß und Verfassungsrecht, Köln, Berlin, München, Bonn 1961.

Less, —, Rechtsfolgen der Wiedereinweisung von Räumungsschuldnern. ZMR 57, 221.

Loppuch, —, Urteilsanmerkung. NJW 52, 389.

— Die verwaltungsgerichtliche Klage wegen Nichtvornahme von Verwaltungsakten. NJW 53, 9.

— Urteilsanmerkung, NJW 55, 117.

Luhmann, Niklas, Öffentlich-rechtliche Entschädigung rechtspolitisch betrachtet. Berlin 1965.

Lüke, Gerhard, Die Abgrenzung der Klagebefugnis im Verwaltungsprozeß. AöR 84, 185.

— Grundsätze des Verwaltungsprozesses, JuS 61, 41.

Mangoldt, Hermann von — *Klein*, Friedrich, Das Bonner Grundgesetz, Kommentar, Bd. I, 2. Aufl. Berlin, Frankfurt/M. 1957.

Martens, Wolfgang, Zum Rechtsanspruch auf polizeiliches Handeln, JuS 62, 245.

Maunz, Theodor — *Dürig*, Günter, Grundgesetz, Kommentar. München 1958 ff.

Meiss, Wilhelm, Die gesetzliche Abgrenzung der Kompetenz der Zivil- und Verwaltungsgerichtsbarkeit. Karlsruhe 1953.

Mellwitz, Artur, Kommentar zum Sozialgerichtsgesetz. München, Berlin 1956.

Menger, Christian-Friedrich, System des verwaltungsgerichtlichen Rechtsschutzes. Tübingen 1954.

— Rechtssatz, Verwaltung und Verwaltungsgerichtsbarkeit, DÖV 55, 587.

— Über die Identität des Rechtsgrundes der Staatshaftungsklagen und einiger Verwaltungsstreitsachen. Gedächtnisschrift für W. Jellinek. München 1955, S. 347 (zitiert: Identität des Rechtsgrundes).

— Höchstrichterliche Rechtsprechung zum Verwaltungsrecht. VerwArch. 49, 73; 50, 77.

— Der Schutz der Grundrechte in der Verwaltungsgerichtsbarkeit, Die Grundrechte, Bd. III. 2. Teil, Berlin 1959, S. 717 (zitiert: Grundrechte III, 2).

Much, Walter, Die Amtshaftung im Recht der Europäischen Gemeinschaft für Kohle und Stahl, Frankfurt/M. 1952.

Naumann, Richard, Urteilsanmerkung. DVBl. 52, 695.

— Urteilanmerkung, DVBl. 54, 333.

— Die gesetzliche Abgrenzung der Kompetenz der Zivil- und Verwaltungsgerichtsbarkeit. Karlsruhe 1953.

— Vom vorbeugenden Rechtsschutz im Verwaltungsprozeß. Gedächtnisschrift für W. Jellinek, München 1955, S. 391.

Niese, Werner, Über den Streitgegenstand der Anfechtungs- und Vornahmeklage im Verwaltungsprozeß. JZ 52, 353.

Nipperdey, Hans Carl, Enneccerus — Kipp — Wolff, Allgemeiner Teil des Bürgerlichen Rechts, 14. Aufl. Tübingen 1952/1955.

Obermayer, Klaus, Zur Rechtsstellung des Nachbarn im Baurecht und zum Folgenbeseitigungsanspruch. JuS 63, 110.

— in: Mang — Maunz — Mayer — Obermayer, Staats- und Verwaltungsrecht in Bayern. 2. Aufl., München 1964.

Pentz, —, Urteilsanmerkung. NJW 54, 194.

Pfeifer, Herbert, Streitgegenstand bei Anfechtungs- und Verpflichtungsklagen. DVBl. 63, 653.

Raiser, Ludwig, Enneccerus — Kipp — Wolff, Sachenrecht, 10. Aufl., Tübingen 1957.

Rath, F., Verwaltungsakt und Folgenbeseitigungsanspruch. SKV 59, 308.

Redeker, Konrad, Urteilsanmerkung. DVBl. 63, 509.

Redeker, Konrad — *Oertzen*, Hans-Joachim von, Verwaltungsgerichtsordnung, Kommentar, 2. Aufl., Münster 1965.

Reinhardt, Rudolf — *Scheuner*, Ulrich, Verfassungsschutz des Eigentums, Tübingen 1954.

Reinhardt, Rudolf, Empfiehlt es sich die verschiedenen Pflichten des Staates zur Entschädigungsleistung aus der Wahrnehmung von Hoheitsrechten nach Grund, Inhalt und Geltendmachung gesetzlich neu zu regeln? Verhandlungen des 41. Deutschen Juristentages, Bd. I, 1. Hbd., Tübingen 1955.

Renck, Ludwig, Bundesrecht als Maßstabsrecht im verwaltungsgerichtlichen Normenkontrollverfahren? DÖV 64, 1.

— Verwaltungsakt und Gesetzesvorbehalt. JuS 65, 129.

— Die Rechtsmittel gegen Verwaltungsvollstreckungsakte. NJW 66, 1247.

Ringe, Karl, Zur Unterlassungs- und Beseitigungsklage bei Verwaltungsakten und einfachen Verwaltungshandlungen. DVBl. 58, 378.

— Urteilsanmerkung. DVBl. 58, 834.

Roemer, Karl, Schlußantrag in den Rechtssachen 7/54 und 9/54, Rspr.GH II, 105.

Rohwer-Kahlmann, Harry, Aufbau und Verfahren der Sozialgerichtsbarkeit. Bad Godesberg 1953 ff.

Ruckdäschel, Oskar, Vorbeugender Rechtsschutz im Verwaltungsprozeß. DÖV 61, 675.

Rupp, Hans Heinrich, Die Beseitigungs- und Unterlassungsklage gegen Träger hoheitlicher Gewalt. DVBl. 58, 113.

— Zur neuen Verwaltungsgerichtsordnung: Gelöste und ungelöste Probleme. AöR 85, 149/301.

— Kommentare zur Verwaltungsgerichtsordnung. AöR 88, 479.

— Der Schadensersatz- und Regreßanspruch des Dienstherrn im besonderen Gewaltverhältnis und seine Durchsetzung. DVBl. 63, 577.

— Der maßgebende Zeitpunkt für die Rechtfertigung des Verwaltungsakts. Rechtsschutz im Sozialrecht. Köln 1965.

— Grundfragen der heutigen Verwaltungsrechtslehre. Tübingen 1965.

Schack, Friedrich, Analogie und Verwendung allgemeiner Rechtsgedanken bei der Ausfüllung von Lücken in den Normen des Verwaltungsrechts. Festschrift für R. Laun, Hamburg 1948, S. 275.

Schäfer, Walter, Die Klagearten nach der Verwaltungsgerichtsordnung. DVBl. 60, 837.

Scheuner, Ulrich, Probleme der staatlichen Schadenshaftung nach deutschem Recht. DÖV 55, 545.

— Buchbesprechung. DÖV 55, 573.

— Amtshaftung und enteignungsgleicher Eingriff, JuS 61, 243.

Schleeh, Jörg, Zur Dogmatik der öffentlich-rechtlichen Folgenbeseitigung. AöR 92, 58.

Schlochauer, Hans-Jürgen, Die Gerichtsbarkeit der Europäischen Gemeinschaft für Kohle und Stahl. Archiv des Völkerrechts, 3. Bd. (1951/52), S. 385.

— Öffentliches Recht. Karlsruhe 1957.

Schlusnus, Karl, Der Anspruch auf Beseitigung von Folgen aus fehlerhaften Verwaltungsakten. Jur. Diss., München 1952 (zitiert: Diss.).

Schmidt, Rudolf, Das neue Landbeschaffungsgesetz. DVBl. 57, 154.

Schoen, Xaver, Rechtsbehelfe gegen Verwaltungsakte. BB 48, 48.

Schönke, Adolf — *Schröder*, Horst — *Niese*, Werner, Lehrbuch des Zivilprozeßrechts, Karlsruhe 1956.

Schütz, Walter — *Frohberg*, Günter, Kommentar zum Bundesbaugesetz, Darmstadt 1960.

Schunck, Egon — *De Clerk*, Hans, Verwaltungsgerichtsordnung Kommentar. Siegburg 1961.

Schwarzenberger, Georg, Einführung in das Völkerrecht. Tübingen 1951.

Siehoff, Heinz, Zur Lehre vom Folgenbeseitigungsanspruch im Verwaltungsrecht. Jur. Diss., Würzburg 1960 (zitiert: Diss.).

Stern, Klaus, Verwaltungsprozessuale Grundprobleme in der öffentlichrechtlichen Arbeit, JuS 65, 270/306/355.

Straßmann, Walter — *Nitsche*, Walter, Bundesvertriebenengesetz. Kommentar. München, Berlin 1953.

Stückrath, —, Urteilsanmerkung. DVBl. 50, 683.

— Urteilsanmerkung. DVBl. 50, 794.

Theune, Werner, Der Folgenbeseitigungsanspruch. BayVBl. 63, 103.

Thoma, Richard, Das System der subjektiven öffentlichen Rechte und Pflichten. HDStR, Bd. 2, S. 607.

Tietgen, Walter, Der Zugang zu den Ämtern des öffentlichen Dienstes. Festschrift zum hundertjährigen Bestehen des Deutschen Juristentages, Karlsruhe 1960, S. 325.

Turegg, Kurt Egon von — *Kraus*, Erwin, Lehrbuch des Verwaltungsrechts, 4. Aufl., Berlin 1962.

Ule, Carl Hermann, Zum Verhältnis von Zivilprozeß und Verwaltungsprozeß. DVBl. 54, 137.

— Urteilsanmerkung. DVBl. 59, 583.

— Verwaltungsgerichtsbarkeit. Kommentar zur Verwaltungsgerichtsordnung. Köln, Berlin 1960.
— Verwaltungsprozeßrecht, 3. Aufl., München, Berlin 1963.
— Die Bedeutung des Rechtsstaatsprinzips in der Rechtsprechung des Bundesverwaltungsgerichts. DVBl. 63, 475.

Viehweg, Theodor, Topik und Jurisprudenz, 3. Aufl. München 1965.

Werner, Fritz, Verwaltungsrecht als konkretisiertes Verfassungsrecht. DVBl. 59, 527.

Weyreuther, Felix, Die Gesetzesbindung der Verwaltung und ihre Grenzen. DVBl. 64, 893.

Wiethaup, H., Über das Verwaltungszwangsverfahren zur Beitreibung von Geldbeträgen. DVBl. 53, 135.

Wilhelm, Bernhard, Die maßgebliche Sach- und Rechtslage bei der Verpflichtungsklage. BayVBl. 64, 350.

Wintrich, Josef, Über Eigenart und Methode verfassungsrechtlicher Rechtsprechung. Festschrift für W. Laforet, München 1952, 227.

Wohlfahrt, Ernst — *Everling*, Ulrich — *Glaesner*, Hans Joachim — *Sprung*, Rudolf, Die Europäische Wirtschaftsgemeinschaft, Kommentar, Berlin, Frankfurt/M. 1960.

Wolf, Erik, Die Natur der allgemeinen Rechtsgrundsätze. Deutsche Landesreferate zum VI. Internationalen Kongreß für Rechtsvergleichung in Hamburg 1962, Berlin, Tübingen 1962, 136.

Wolff, Hans J., Der Abwendungsanspruch aus öffentlichen Reflexrechten insbesondere im Fürsorgerecht. Verwaltung und Wirtschaft, Heft 1, Münster, Berlin, Bad Godesberg 1950, S. 119.
— Rechtsgrundsätze und verfassungsgestaltende Grundentscheidungen als Rechtsquellen. Gedächtnisschrift für W. Jellinek, München 1955, S. 33.
— Verwaltungsrecht I, 6. Aufl., München, Berlin 1965. 4. Aufl. 1961.
— Verwaltungsrecht III. München, Berlin 1966.

Printed by Libri Plureos GmbH
in Hamburg, Germany